열다섯 분
스님들이
들려주는

행복한
법문

지혜가
있는
사람은

경계를
두려워하지
않는다

〈법보신문〉
월간〈불광〉

공동기획

불광출판사

편집자 주

이 책은 2011년~2012년 〈법보신문〉에 연재되었던 「名법문 名강의」와 월간 〈불광〉에 연재되었던
「살아있는 명법문」 중에서 독자들에게 큰 사랑을 받았던 법문을 가려 엮은 것입니다.
일부 법문은 법문을 하신 스님들의 동의하에 축약되었으며 법문의 제목 등은 편집자가 붙인 것입니다.
편집 취지에 동의하시고 흔쾌히 법문 게재를 허락해 주신 스님들께 다시 한 번 머리 숙여 감사드립니다.

차례

원광 스님을 은사로 출가해
1964년 통도사에서 경봉 스님을
계사로 사미계를, 1968년
통도사에서 월하 스님을 계사로
구족계를 수지했다. 칠불사
운상선원 선현, 극락암 호국선원
선현, 벽련화사 주지, 통도사
백련암 감원을 지냈으며 조계종
교육원장을 역임했다.

영축총림 통도사

주지

원산 스님

평생 끌고 다니는
이 몸뚱이의
주인을 찾아라

불시중생심리불(佛是衆生心裏佛)

수자근감무이물(隨自根堪無異物)

욕지일체제불원(欲知一切諸佛源)

오자무명본시불(惡自無明本是佛)

부처란 중생의 마음속의 부처이니,

자신의 근기에 따를 뿐 다른 것이 아니네.

일체 부처님의 근원을 알려 하는가?

무명이 본래 부처임을 깨달으면 바로 부처라네.

무덥던 여름은 어디로 자취를 감추고 아침, 저녁으로 쌀쌀하고 시원한 가을 날씨가 도래했습니다. 오곡이 무르익어서 아주 푸르던 들판의 색깔이 노란 황금색으로 바뀌고 있습니다. 이때를 좋은 때라고 이야기해서 결실의 계절이니 독서의 계절이라고 합니다. 1년 가운데서 제일 좋은 때이기도 합니다.

오늘 설법은 우리가 이 세상을 살아가는 데 무엇을 알고 살아야 되느냐에 대해 이야기해보겠습니다.

우리는 세상을 살면서 많은 것을 알아야 합니다. 시장에 가서도 물건 값을 알아야지 모르고 가면 속고 살 수도 있는 것과 같습니다. 부처님의 가르침을 따르는 사람은 그 가르침이 무엇인지 알아야 하고 유교를 믿는 사람들은 공자께서 무엇을 가르쳤는지, 기독교를 믿는 사람은 예수, 이슬람교를 믿는 사람은 마호메트의 가르침이 무엇인지 알아야 합니다.

우리가 불교를 믿으려면 첫째, 부처님이 어떤 분인지 알아야 합니다. 제가 서두에 읊은 게송은 부처님이 어떤 분인지를 설명하는 내용입니다. 팔만대장경 가운데서 가장 방대한 경전이 『대방광불화엄경』입니다. 『화엄경』에 정통한 통현 장자라는 분이 계셨어요. 그분이 『화엄경』의 전체 도리를 게송으로 드러낸 것이 서두에 읊은 내용입니다.

부처님은 우리 중생의 마음속에 있다고 했습니다. 여러분은 "부처님이 어디에 계십니까?"라고 질문하면 뭐라고 대답을 하시겠습니까. 저 사리탑 안에 부처님의 사리를 모셔 놨으니 거기에 부처님이 계시다고 하는 분도 있을 것이고, 각 전각마다 부처님을 모셨으니 거기에도 부처님이 계시다고 말하는 분도 있겠지요. 그렇다면 그렇게 많은 부처님을 모셔 놨는데 과연 어떤 분이 진짜 부처님일까요?

법당에는 목불, 석불, 흙불, 철불 등 많은 부처님이 계십니다. 나무로 만든 부처님은 불 속에 들어가면 타버립니다. 그래서 나무 부처님은 불을 건너가지 못합니다. 그리고 돌로 만든 부처님은 망치를 건너가지 못합니다. 흙으로 만든 부처님은 물을 건너가지 못하고, 쇠로 만든 부처님은 용광로 속에 들어가면 녹아서 쇳물이 되어버립니다.

목불로 불을 땐
단하 선사 이야기

옛날 중국에 등주라는 고을이 있었는데 거기에 단하산이라는 산이 있고, 그곳에 천연 선사라는 분이 계셨어요. 그분이 어느 추운 겨울날 낙양이라는 지방의 혜림사라는 유명한 절에 갔습니다. 그 절에는 많은 신도들이 부처님 앞에서 참배를 하고 있었습니다. 왜 그런고 하니 그 절의 부처님이 굉장히 영험이 있다고 해서였죠. 그래서 신도들이 아주 많았습니다. 객실로

안내를 해주는데 방에 불을 떼지 않아서 너무 추웠습니다. 한밤중에 불을 때려고 봐도 나무가 보이지 않았습니다. 그래서 법당에 들어가 보니 그 유명한 부처님이 나무로 조성이 되어 있었어요. 그래서 천연 선사는 그 부처님을 갖고 나와서 도끼로 패서 불을 땠습니다. 무엇인가 타는 소리에 원주 스님이 밖으로 나와서 보니까 객스님이 부처님을 장작으로 패서 불을 때고 그 불이 더 잘 일어나라고 나무를 이리저리 헤치고 있는 겁니다. 원주 스님은 깜짝 놀라서 무슨 짓이냐며 부처님으로 불을 땐다며 소리를 치니까 천연 선사가 이렇게 말했습니다.

"많은 사리가 나와서 부처님 사리탑이 없는 곳이 없는데 혜림사 부처님도 사리가 나올 것 같아서 사리가 나오는지 보려고 이리저리 헤치고 있습니다." 그러니까 원주 스님은 이 객스님이 정신이상자가 아닌가 하고 나무로 만든 부처님에서 무슨 사리가 나온다는 말이냐고 따지니까 천연 선사가 다시 말했습니다. "사리가 나오지 않으면 부처가 아니지요." 그 사이 원주 스님은 얼마나 신경을 썼는지 눈썹이 하얗게 새어버렸습니다.

사실 불단에 모셔져 있는 등상불은 불상이지 부처님은 아닙니다. 물론 우리가 진짜 부처님이라고 생각하고 예경을 올리면 부처님이 될 수 있습니다. 그렇다면 다시 묻겠습니다. 부처님은 과연 어디에 있습니까.

게송에서 밝혔듯이 부처님은 바로 중생의 마음속에 계십니다. 여러분의 마음속에 있다는 말입니다. 그 마음이 근기에 따라서 부처가 되기도 하고 중생이 되기도 할 뿐이지 부처와 중생이 다른 것이 아니라고 합니다. 금광 속에 있는 금과 여러분이 끼고 있는 금반지의 금은 어떻게 다릅니까. 금광 속의 금은 흙도 섞여 있고 쇠도 섞여 있습니다. 그 금광 속에서 금을 고르고 고르면 마지막에 99퍼센트의 금이 됩니다. 이 금은 여러 가지 모양의 귀금속을 만드는 재료가 됩니다. 결론적으로 금반지의 금과 금광 속의 금은 같은 것입니다.

금광 속의 금은 중생과 같고 금반지의 금은 부처님과 같다고 할 수 있습니다. 그러니까 중생 속에도 다 부처님이 있다는 말입니다. 다만 그것을 정제를 했느냐 하지 않았느냐에 따라 다르게 나타나는 것입니다. 우리에게는 번뇌와 망상 등 이 생각, 저 생각이 마구 섞여 있습니다. 탐욕을 갖고 성내는 마음이 본래의 마음에 섞여 있는 것입니다. 그러한 팔만사천 번뇌를 다 가려내면 본래의 마음을 확인할 수 있습니다. 그래서 자신의 근기에 따라 중생의 마음이 되기도 하고 부처의 마음이 되기도 합니다.

깜깜한 밤에는 길이 잘 구분되지 않습니다. 전깃불을 밝히든지 해야 자신이 가고 싶은 곳으로 갈 수 있습니다. 우리 중생은 깜깜한 밤과 같습니다. 이것을 밝히면, 다시 말해 무명을 깨달으면 부처의 자리가 따로 있는 것이 아니라 바로 이 마음자리가 부처님이라는 말입니다.

무엇을 하든
지극한 마음이 있어야

우리는 예경을 올릴 때 지심귀명례 (至心歸命禮), 지극한 마음으로 생명을 다 바쳐서 귀의한다고 말합니다. 무엇이든지 지극한 마음이 있어야 합니다. 예배를 할 때도 지극해야 하고 살림도 지극해야 하고 책을 보고 공부를 할 때도 지극하게 해야 합니다. 이 세상에서 가장 귀한 것은 내 생명입니다. 생명은 무엇과도 바꿀 수 없습니다. 그 귀한 생명을 다 바쳐서 부처님께 귀의하겠다고 했습니다.

또 예경에 보면, 시방삼세 제망찰해(十方三世 帝網刹海)라고 했습니다. 시방이라는 것은 공간적으로 사방과 사방의 사이인 사우, 그리고 상하를 말합니다. 부처님이 시방에 가득하고 삼세에 가득하다는 뜻입니다. 삼세는 과거, 현재, 미래라는 시간을 말합니다. 제망찰해에서 제는 제석천왕을 말하고 망은 제석천왕의 보관에 있는 보석을 말합니다. 옛날에 임금이 쓰는 보관에 보면 보석이 있는데 보석이 서로서로 비춥니다. 보석이 백 개가 있으면 하나 속에 백 개가 들어 있습니다. 그래서 제석천왕 보관의 보석이 서로 비추어서 수없이 많은 보석이 되듯이 시방세계에도 어디든지 항상 머무르는 부처님이라고 했습니다.

여러분의 마음은 어디에 있습니까. 어떤 사람은 눈 안에 마음이 있다고 합니다. 눈 속에 마음이 있다면 왜 눈 안에 있는 것은 못 봅니까. 몸 안에 마음이 있다면 오장육부를 다 봐야 하는데 그것을 보지 못한다면 마음은 바깥에 있을까요? 밖에 있다면 왜 뒤통수를 보지 못합니까. 그래서 마음을 아무리 찾아도 마음으로 알 수 없습니다. 그런데 이 마음이라는 것은 내 몸 안에도 있고 바깥에도 있고 항상 어디든지 있는 것입니다. 부처님이 어디든지 계시는 것과 같습니다. 그러니 이 마음이 서울도 갔다가 러시아도 갔다가 시간과 공간을 초월합니다. 그렇다면 이 마음자리가 어떻게 되는 것입니다. 이론적으로는 제망에 있다고 하지만 마음이 어디에 있는지 알지 못합니다. 불교는 이 마음을 찾는 공부이고 마음을 깨친 분이 부처님입니다. 또 마음을 깨치지 못한 사람은 중생이라고 합니다. 마음은 부처에게도 있고 중생에게도 있습니다.

참선을 하고 염불을 하고 경을 보고 주력을 하는 목표가 무엇입니까? 좋은 학교에 들어가는 것, 사업에 성공하는 것, 좋은 곳으로 아들딸 결혼시키는 것, 내 몸이 건강한 것, 좋은 곳에 취업하는 것도 목표가 되겠지만 구경의 근본 목표는 내가 내 마음을 찾아서 아는 것입니다. 그랬을 때 그것을 성불이라고 합니다.

경허 스님의 참선곡에도 보면 마음을 깨닫는 것이 가장 중요하다고 했습니다. 극락암 경봉 스님께서도 말씀하셨습니다. 다른 사람의 집에서 하룻밤을 자고 가더라도 그 주인을 찾아보지 않고 가면 무례한 일이라고 하는데, 우리가 이 몸을 평생 끌고 다니면서 내 몸뚱이를 끌고 다니는 주인을 찾는 것은 당연한 일이고 불교를 바르게 아는 것이며 옳게 수행한 것이라고 말입니다.

마음, 마음 하는 이것이 과연 무엇일까요? 마음을 깨치면 부처요, 마음을 깨닫지 못하면 중생입니다. 누구나 다 성불할 수 있다는 가르침이 불교의 가장 좋은 점입니다. 다른 종교인 기독교에서는 스스로 하나님이 된다는 이야기가 없기 때문입니다. 창조주가 피조물을 만들 수는 있지만 인간은 신이 될 수 없습니다. 하지만 불교에서는 중생이 부처가 될 수 있습니다. 그것을 주로 부모와 자식에 비유합니다. 서양 종교는 부모가 자식을 낳기 때문에 부모가 창조주고 자식은 피조물이다, 그래서 부모와 자식이 다른데 어떻게 자식이 부모가 될 수 있느냐고 합니다. 동양 종교에서는 이렇게 말합니다. 부모가 처음부터 부모인 것은 아니다, 누구나 다 부모가 될 수 있다고 말입니다.

열심히 수행하고, 열심히 기도하고, 열심히 염불하고 공부해서 누구나 다 성불을 해야 합니다. 성불은 내 마음에 있는 것입니다. 간절한 생각을 갖고 기도와 수행에 임할 때 바른 성취를 이룰 수 있다고 하겠습니다.

1969년 금산사에서 월주 스님을
은사로 득도하고, 1974년
통도사에서 월하 스님을 계사로
구족계를 수지했다. 1975년
통도사 승가대학을 졸업하고
금산사 재무국장, 금산사 주지
등의 소임을 지녔으며, 제11·12대
대한불교조계종 중앙종회의원을
역임했다. 현재 덕유산 백련사
주지 소임을 맡고 있다.

덕유산 백련사

주지

평상 스님

내 마음이
완벽한 조화를
이루는 자리

사람들은 저마다 자기가 소화할 수 있는 만큼을 가지고 산다고 합니다. 예를 들어 연간 살림살이가 1억 원 정도 되는 사람이 있다고 가정해봅시다. 그 사람에게 1억 원이라는 돈을 맡기면 얼마든지 융통성 있게 잘 활용할 수 있겠지만, 우리나라 1년 예산인 300조라는 돈을 쥐어주고 살아보라고 하면 어떻게 될까요? 아마 엄두조차 내지 못할 겁니다. 그 사람이 감당할 수 있는 수준을 훌쩍 넘어섰기 때문입니다. 여러분은 과연 인생을 살아가면서 얼마만큼의 수치를 이해하면서 살아가십니까? 억이라는 개념을 쉽게 가늠할 수 있는 사람이 있는가 하면, 천이라고 하는 숫자도 혜량할 수 없는 사람이 있을 것입니다.

부처님은 우리가 상상할 수조차 없을 만큼 무한한 개념을 이해하셨던 분입니다. 불교 경전에 자주 등장하는 아승지(阿僧祇), 무량수(無量數), 불가설불가설전(不可說不可說轉)이라는 표현을 통해 보면 부처님께서 얼마나 폭넓은 수준의 개념을 갖고 계셨는지 알 수 있습니다. 부처님께서는 성불하고 나서, 끝이 없는 이 세계에 근본 도리라는 게 있음을 보셨습니다. 그것을 법(法), 즉 무한법계라는 말로 표현하셨고 그 넓은 세계를 가득 메운 중생들 하나하나를 위해 천만억 문수·보현보살이 존재한다고 말씀하셨습니다.

부처님께서 말씀하시길, 지금 우리가 살고 있는 사바세계가 그대로 불국정토라고 하셨습니다. 그런데 실제로 지금 이곳이 정토가 되려면 우리들 가슴속에 삿된 마음이 조금도 섞여 있지 않고 100퍼센트 '나'로 뭉쳐 있어야 합니다. 우리가 좋은 부처님 말씀을 전하는 법회에 참가하고, 시간을 내서 집에서 사경도 하고 기도를 해야 하는 이유도 여기에 있습니다. 내 안을 '나'로 온전히 채우는 공부를 마쳤을 때, 먼 훗날 우리가 받은 법명의 세계가 열리고 그곳의 주불로 우리는 우뚝 서게 될 것입니다. 각자가 부처가 될 재목이기에, 우리는 보살계를 받고 부처님 가르침을 따르는 사람들을 보통사람이 아니라고 말합니다. 앞으로는 그 이름에 걸맞게 부처님처럼 좀 더 넓은 시각에서 세상을 바라봄으로써 이해의 범주를 넓혀보시기 바랍니다. 이 어마어마한 지구를 작은 축구공만 하게 볼 수 있는 안목이 갖춰진다면 한 걸음 더 부처님 세계로 가까이 다가설 수 있을 것입니다.

내 안에 '나'를
100퍼센트 채우라

부처님께서는 "부처가 되려면 복을 많이 짓고, 네 자신을 전부 너만으로 채워라."고 말씀하셨습니다. 내 안에 들어 있는 부모, 자식, 오만 가지 것들을 모두 덜어내고 100퍼센트 '나'로 채웠을 때 비로소 3아승지 겁이 지나 부처가 될 수 있다고 하셨습니다. '3아승지 겁이나 지나야 부처가 될 수 있다니…' 하는 어리석은 생각은 버리십시오. 부처님 진리의 말씀을 듣고 '나도 부처가 되어야겠다'고 발심하는 순간, 벌써 여러분의 이름으로 하나의 세계가 형성되고 있는 것입니다. 즉 내가 주인공인 또 하나의 정토세계가 탄생하는 것입니다.

세상에 우연이라는 것은 하나도 없습니다. 전부가 인연, 연기로 이어져 있습니다. 불법을 안다는 것은 세상 모든 것이 독립되어 존재할 수 없음을 아는 것과 같습니다. 부처님께서는 삼법인(제행무상, 제법무아, 열반적정)이라는 가르침을 통해 이러한 세상의 이치를 우리들에게 알려주신 것입니다. 부처님 가르침 중에 중도(中道)라는 것이 있습니다. 쉽게 이야기하면 적합한 조화를 말씀하신 것입니다. 밝은 태양빛을 분석하면 몇 가지 빛이 나오는지 아십니까? 빨주노초파남보 일곱 가지 색이 나온다고 합니다. 그럼 거꾸로 빨주노초파남보의 빛을 섞으면 무슨 색이 될까요? 제가 미술 전공이 아니라 확신할 순 없지만, 아마 흰색이 아닐까 싶습니다.

흰색을 분석해 일곱 가지 색을 얻었으니 반대로 해도 같은 결과가 나올 것입니다. 이 말씀을 드리는 이유는 조화를 설명하기 위함입니다. 저렇듯 각자 다른 일곱 가지 색깔이 어우러져 환한 아름다움을 뽐내듯, 우리네 인생도 조화가 완벽하면 흠 잡을 데가 없다는 말씀입니다. 흔히 조화가 완벽한 자리를 부동(不動)이라고 하고, 마음이 완벽한 조화를 갖춘 상태를 부동심(不動心)의 경지라고 말합니다. 어떤 상황에서도 마음에 동요가 없는 상태, 이 부동심이 갖춰지려면 끊임없는 투쟁을 통해 매사를 조화롭게 이뤄가려는 노력을 해야 합니다.

부동심의 경지에 이른 사람을 부동지보살이라고 하는데, 부동지보살이 되기 위해서는 포부를 크게 가져야 합니다. 그런데 이게 쉽지가 않습니다. 우리가 대승심을 발한다고 마음먹으면 그 순간 신장들로부터 시험이 찾아들기 때문입니다. 대승심을 낸 어떤 사람이 길을 가는데 누군가 탁 하고 어깨를 칩니다. "여보시오, 왜 길 가는 사람을 치는 거요?"라고 묻자 그 사람이 말하길 "눈이 없어서 그렇소. 당신 눈이 두 개면 하나만 주시오."라고 합니다. 대승보살이 될 마음을 냈으니 안 줄 수 있습니까. 하는 수 없이 눈 하나를 빼 줍니다. 그런데 그 사람이 한다는 소리가 "우리 둘 다 애꾸인데 한 사람이라도 멀쩡하게 삽시다." 하면서 남은 눈 한쪽도 달라고 합니다. 또 한 번 발심한 마음을 생각하면서 나머지 한쪽 눈을 빼줬는데, 글쎄 그 자가 눈알을 밟아서 팍팍 깨버리는 게 아니겠습니까. 이런 상황에서 초연하게 대승심을 유지할 수 있는 사람이 몇 명이나 될까요? 비유적으로 말씀드린 얘기지만, 그만큼 마음을 낸다는 게 어렵다는 말씀입니다.

　이런 상황에도 흔들림 없이 대승심을 유지하는 사람, 포부를 크게 가진 사람들은 행색부터가 남다릅니다. 부처님이야 말할 것도 없고, 옛날 중국 성인 중에 장자라는 분 역시 그런 가슴을 가지셨던 분인 것 같습니다. 그분은 세상 사람들이 옥신각신 사는 모습이, 마치 달팽이의 두 뿔이 서로 내 것 네 것 하면서 다투는 것처럼 보인다고 했습니다[蝸牛角上之爭]. 돌멩이를 탁 부딪쳐서 불이 반짝하는 순간보다 짧은 인생을 가지고 뭘 그렇게 따지고 싸우며 사느냐면서, 자신은 곤륜산을 옆에 끼고 황하를 건너겠다고 말씀하셨습니다. 어떤가요? 포부가 느껴지십니까? 적어도 이 정도는 돼야 세상사를 초월하고 살 수 있지 않을까 생각합니다.

　우리가 사는 지구촌의 인구는 약 65억 명입니다. 이중에 10억 명 정도가 기아에 허덕인다고 합니다. 그런데 우리는 주위에서 다 잘 먹고 잘사니까 그 많은 사람들이 굶주림에 허덕인다는 사실을 모르고 살아갑니다. 눈을 크게 뜨고 보지 않기 때문에 고작 눈앞에서 펼쳐지는 일들밖에 보지 못하는 것입니다. 세상 모든 것은 독립되어 존재할 수 없음을 깨닫지 못하고, 그저 작은 재물 아끼려고 곁에서 누군가 덜덜 떨고 굶어죽는 걸 모른 척해서야 되겠습니까? 진정한 불자라면 내 자녀, 남의 자녀 가려가면서 오직 자기 자녀만 잘 키우려고 하지 말고 남의 자녀도 내 자녀만큼 여기는 마음을 내야 할 것입니다. 적어도 그 정도 마음을 가지는 노력을 해보자는 겁니다. 그런 실천들이 행해졌을 때 내 안이 온전히 내 것으로 채워질 수 있습니다.

내 안에 '나'를 100퍼센트 채운 사람, 하는 일마다 남을 생각하고 나라와 세상 사람들을 걱정할 줄 아는 마음을 가진 사람, 내딛는 걸음마다 인생이 그런 쪽으로 커가는 사람에게 어떻게 세상이 아름답지 않을 수 있겠습니까. 그렇게 너도 나도 그런 마음으로 살아간다면, 지금 이 자리가 곧 불국토가 될 것입니다. 항상 세상을 넓게 볼 줄 아는 안목으로 남을 나처럼 여기고, 세상을 내 안에 품을 수 있는 무한한 가슴을 가지시기 바랍니다.

자비심이
충만한 사람

과학에는 '질량보존의 법칙'이라는 게 있지만 이게 부처님의 법에는 해당되지 않습니다. 부처님의 법은 백 가지천 가지로 잘라도, 그 한 조각이 바로 100퍼센트입니다. 그러니 내가 더 열심히 기도했니 네가 더 열심히 기도했니 하면서 관세음보살, 문수·보현보살을 서로 차지하려고 다툴 필요가 없습니다. 내가 부르는 관세음보살이나 옆에서 다른 사람이 부르는 관세음보살이나 전부가 100퍼센트입니다. 중생이 10억 명이면 부처님도 10억 명이라고 하지 않습니까? 그리고 무엇보다 우리 모두는 먼 훗날 한 세계에서 부처가 될 사람들입니다. 누구에게도 꿀릴 일 없고, 모자람 없는 사람이라는 겁니다. 이에 대한 확신과 자긍심을 가지고 매사에 임하시라는 말씀입니다.

동서남북 사방팔방, 수많은 불보살들이 시방세계 어디에도 안 계신 곳이 없다고 합니다. 주위를 한번 둘러보십시오. 불보살들이 보이십니까? 멀리서 찾을 것 없이 지금 내 옆에 있는 그 사람이 바로 문수·보현보살이요, 관세음보살입니다. 내 주위에 이렇듯 대승보살이 꽉 차 있는데 걱정할 일 뭐가 있겠습니까. 물에 빠져도 건져줄 것이요, 빙판에 넘어지려 하면 옆에서 잡아줄 테니 살아가는 데 아무것도 걱정할 필요가 없습니다. 혹시 이 말을 듣고 속으로 '나는 보살이 아닌데 어쩌나?' 고민하는 분이 계시다면, 지금부터 보살이 되어보십시오. 자비심을 갖고 작은 것 하나라도 그냥 지나치는 일 없이, 가슴에서 느껴지는 대로 솔직하고 바르게 행동하십시오. 남들이 꺼려하는 일을 먼저 나서서 야무지게 할 수 있는 사람, 남의 자식도 내 자식처럼 아끼고 보살펴줄 수 있는 마음을 지닌 사람이 바로 대승보살입니다.

대승보살은 자비심이 충만한 사람입니다. 자비심이 충만하면 행동이 어떻게 나올까요? 무엇 하나 그냥 지나치지를 못하고, 주변에서 일어나는 문제를 전부 해결해주고 싶은 마음이 듭니다. 대승보살의 삶을 사는 건 그리 어려운 일이 아닙니다. 시커멓게 문신을 한 젊은이가 누군가를 윽박지르고 있을 때, 비록 내가 머리는 희고 힘없는 할머니일지라도 "이보게, 총각, 세상 그렇게 살지 말게."라고 당당하게 말할 수 있는 용기를 내는 게 바로 대승보살의 삶인 것입니다. 설사 그 자리에서 죽는다 하더라도 말이지요. 남이 구려하고 꺼려하는 일을 누구보다 먼저 보고 누구보다 먼저 챙길 줄 아는 것이 진정한 대승보살의 자세라고 할 수 있습니다.

한 가지 명심할 것은, 이러한 보살의 공덕을 지을 때는 항상 무주상보시의 마음으로 실천해야 한다는 것입니다. 어떤 일을 하고 보상을 바란다면 그것은 진정한 보살심이라고 할 수 없기 때문입니다. 그래서 부처님께서는 일곱 가지 보물로 수미산만큼 많은 선행을 했다손 치더라도 마음속에 '내가 이렇게 좋은 일을 했다' 하는 공명심이 있으면, 그것은 스님의 한 구절 법문 끝에도 못 미친다고 말씀하셨던 것입니다.

불국토의
주인으로 사는 길

하루는 석가모니 부처님께서 나무 아래에 앉아 계시는데, 한 바라문이 와서 물었습니다. "부처님, 이 나무에 달린 나뭇잎이 몇 개나 될까요?" 부처님께서는 몇 개라고 대답해주셨습니다. 그런데 그 바라문은 '누가 증명할 수도 없으니까 대충 말하는 게 아닐까?' 하는 의심이 들어 몰래 나뭇잎 몇 개를 따 주머니에 넣고, 다시 부처님께 나뭇잎 개수를 물었습니다. 그러자 부처님께서는 바라문이 몰래 따낸 이파리 숫자를 제외한 만큼의 나뭇잎 개수를 말씀하셨다고 합니다. 곧 부처님께서는 삼라만상의 진상을 다 알고 계셨다는 말입니다. 그 진리를 법으로 설하셨고, 나중에 제자들에 의해 결집이 되어 경전으로 전해진 것입니다.

흔히 사람 몸을 받아서 부처님 말씀을 접하기가, 눈먼 거북이가 태평양 바다를 떠다니는 구멍 뚫린 나무 위로 머리를 내미는 것만큼 어렵다고 합니다[盲龜遇木]. 그런 귀한 인연을 우리는 만난 것입니다.

부처님의 무한한 공덕으로 이뤄진 세계인 법계에 사는 수많은 중생들, 이 중생들의 일모단(한 털끝)마다 하나의 세계가 있고 그 세계에 가득 찬 중생들 터럭 끝 하나마다 또 다른 세계가 펼쳐져 있다고 말합니다. 그렇게 무한한 불국정토의 수만큼 무한한 부처님이 필요하다는 말씀입니다. 아마 부처님께서는 우리들에게 이런 말씀을 하시는 게 아닌가 합니다. "이 한없는 세계의 모든 중생을 제도하려면 더 많은 부처가 필요하니 어서 성불해서 각자 세계의 중생들을 구제하거라." 그동안 우리는 부처님 가르침을 통해 많은 은혜를 입고 살아왔습니다. 그 은혜를 갚는 길은 하루 빨리 부처가 되어 저 많은 중생을 제도하는 일일 것입니다. 오늘 이후 더 발심을 해서 저마다의 불국토로 가 주인, 주불이 되어주시기 바랍니다.

1971년 상주 원적사에서
원명 스님을 은사로 출가했다.
해인사, 통도사, 동화사, 수도암,
도성암 등지에서 정진하며
30안거를 성만했다. '조계종
간화선 수행지침서' 편집위원을
역임했으며 조계종 교육원
교육제도개선위원회 위원,
승가고시 위원, 기본선원 교선사를
맡고 있다. 현재 진불선원
선원장으로 후학 양성에 매진
중이다.

진불선원
선원장
설우 스님

끊임없는
보살행이
반야지혜의 본질

날이 갈수록 빈부격차가 심해지고 사회적 갈등의 골이 깊어지고 있습니다. 소외된 사람은 더욱더 외로워지고 있습니다. 이런 때일수록 부처님의 평등한 자비사상이 어느 때보다 절실하다고 하겠습니다. 부처님께서 남긴 수많은 가르침 중에 오늘을 사는 우리에게 가장 큰 도움이 되는 가르침은 어떤 것일까요? 저는 참선수행이라고 이야기합니다. 이런 참선수행의 사상이 가장 잘 정리된 경전 중의 하나가 바로 『금강경』이라고 부르는 『금강반야바라밀경(金剛般若波羅蜜經)』입니다. 오늘은 이 시대를 사는 많은 사람들이 갈망하고 그 속에서 참된 길을 가고자 하는 참선수행에 대해 『금강경』의 사구게(四句偈)를 중심으로 살펴보도록 하겠습니다.

금강경,
번개처럼 자르는
지혜의 완성

　　『금강경』은 선가(禪家)에서는 선경(禪經)이라 합니다. 조계종에서도『금강경』을 소의경전으로 삼고 있습니다. 그만큼『금강경』은 선적인 의미가 깊이 담겨져 있는 대승경전입니다.

　　다들 잘 아시겠지만 금강(金剛)은 다이아몬드를 말합니다. 금강이 가지고 있는 속성의 첫째는 '불변(不變)'입니다. 천 년을 지나도 변하지 않는다는 것이죠. 둘째는 지구상의 어떤 물건도 다 끊어버릴 수 있는 날카로움을 말합니다. 일체의 잡스럽고 불필요한 문제들을 한순간에 벼락 치듯 끊을 수 있는 특성 때문에, 금강이 날카롭고 번득이는 지혜를 비유하게 된 것입니다. 이런 금강의 불변성과 날카로움은 곧 반야지혜를 상징합니다.

　　또 금강은 항상 빛이 납니다. 마치 거울과 같습니다. 거울은 잘난 사람이나 못난 사람이나, 귀하거나 천하거나, 대통령이나 노숙자나 가리지 않고 평등하게 그것을 비춥니다. 사실을 사실대로 보는 것을 우리에게 가르쳐주는 셈이지요. 편애하고 집착하거나 누구를 우선순위로 두는 중생심은 거울에 없습니다. 사실 그대로 드러내 보입니다. 거울은 어떤 귀한 것이 나에게 다가와서 지나갔다 하더라도, 절대 그 사물에 집착하지 않고 바로 비워버립니다. 바로 비워버리기 때문에 다른 어떤 사물이 와도, 그 사물을 정확

하고 바르게 비춰줄 수 있는 준비가 다 되어 있습니다.

그러나 거울과 달리 우리는 그러지 못합니다. 집착하고 편애하고, 자기중심으로 판단하고 생각하기 때문에 복잡해지는 것입니다. 그래서 자기가 본래 가지고 있는 반야지혜의 바라밀 실천을 못하게 막아버리는 거예요. 이런 점에서 『금강반야바라밀경』이라는 제목만 들어도 『금강경』이 주는 가르침이 참 대단하다는 것을 알 수 있습니다.

세상을
다 살려내는
비움

『금강경』은 600부 반야부 경전 가운데서도 가장 절묘하고 완벽하게 부처님의 반야바라밀 사상을 드러내 요약하고 있습니다. 그중에서도 이를 가장 잘 드러낸 것이 '사구게'입니다. 이중 「여리실견분(如理實見分)」에 나오는 사구게가 '범소유상 개시허망 약견제상 비상 즉견여래(凡所有相 皆是虛妄 若見諸相 非相 卽見如來)' 입니다. 이를 한마디로 정리한다면 진공묘유(眞空妙有)입니다. 참으로 빈 것은 이 허공과 같다는 것입니다. 허공은 비어 있지만 천상만상 모든 생명을 다 살려내고 있잖아요. 봄이면 봄꽃을 살리고, 가을이면 또 가을꽃을 살려내고, 다 절기에 맞게 알아서 모든 것을 조화롭게 이루고 있죠. 그것은 텅 빈 참진공의 위력이자 생명력입니다.

진공묘유는 『반야심경』의 '색즉시공 공즉시색(色卽是空 空卽是色)'과 상통합니다. 색이 그대로 공이고, 공이 그대로 색이라는 얘깁니다. 이게 무슨 말일까요? 바로 부처님 가르침의 근본에 있는 연기사상을 이야기하는 겁니다. 연기는 무엇이죠? 관계성입니다. 어떤 생명이든지 그 생명이 존재한다는 것은 서로간의 관계성을 유지하면서, 그 관계성 속에 항상 순환하고 있습니다. 인연이 모이면 연생이 되고, 또 인연이 다하면 연멸이 되고, 그래서 연생연멸(緣生緣滅)한다고 그러는 거예요. 연생연멸이라는 것이 연기법입니다.

이것을 부처님이 오셔서 발견하신 거예요. 모든 사람들에게 이 바른 정법의 진리를 이해하게끔 만들어서, 번뇌와 탐·진·치와 중생업식으로 인한 고통과 괴로움에서 벗어나게끔 해주는 것이 불교의 목적입니다. 그것을 우리는 이고득락(離苦得樂)이라고 합니다. 괴로움을 여의고 낙을 성취하는 거예요. 낙을 성취하려면 내가 내 자신의 마음을, 정체성을 알아야 하지 않겠습니까? 이 몸뚱이에 대한 속성과 정체성을 알아야 하지 않겠습니까? 연기법을 잘 알면 이 모든 것을 알게 되어 있다는 겁니다.

사물의 본질을
있는 그대로
잘 볼 수 있는 사람

여기는 본래 아무것도 없는 빈 공간이었습니다. 이 빈 공간을 반야지혜가 있고 연기성을 잘 아는 사람이 본다고 생각해 봅시다. 그 사람은 여기에 자유롭게 공간을 만들기도 하고, 또 만들었지만 여기에 집착하거나 여기에 얽매이지 않고, 이것이 시절인연이 다하면 흩어져 없는 것으로 봅니다. 그래서 이 공간을 더 잘 활용할 수 있는 힘이 생깁니다.

우리는 일상생활을 하면서 수없이 많은 사람들을 만납니다. 수없이 많은 물질을 만나기도 하지요. 그러나 그 사람과 물질에 달린 이해관계 때문에 괴로워하고 고민합니다. 사람이 사는 일이 별겁니까? 사람 사이의 관계, 사람과 물질의 관계 때문에 어려워하고 고민합니다. 사람들은 인간관계나 물질의 성취가 나에게 행복을 줄 거라고 생각합니다. 이 앞에 놓인 컵이 나에게 편리를 가져다주긴 하지만 언제나 나의 행복을 지켜줄 수 있습니까? 우린 다만 이 컵에 집착될 뿐입니다. 다른 어떤 물질이 그렇지 않습니까?

그런 경계를 볼 적에 연기성의 원리를 알면 세상을 달리 볼 수 있습니다. 사람이든 물질이든 인연이 다하면 언제든 떠날 수 있고 나도 보내줄 수 있다, 이렇게 생각해야 합니다. 그러면 나의 마음은 거기에 평등하고 무심해질 수 있어요. 연기를 알면 그리된다는 겁니다. 왜냐? 집착이 끊어지기 때문입니다.

가족, 이웃과 마음이 안 맞아서 괴로워하고 혹은 그 관계에 집착합니다. 하지만 그런 괴로움은 실체가 없어요. 이렇게 생각하면 공이 공으로서만 빠지는 게 아니고 그 공은 항상 형상도 만들고, 형상은 그대로 공으로 돌아갈 수 있고, 이것이 아주 자유자재로 잘 오고갑니다. 이를 『금강경』에서는 '범소유상 개시허망'이라고 이야기했습니다. '범소유상 개시허망'이라는 말을 더 절실하게 잘 드러낸 구절이 『금강경』 마지막 32품 「응화비진분(應化非眞分)」에 있습니다.

일체유위법(一切有爲法) 여몽환포영(如夢幻泡影)

일체 모든 중생들이 가지고 있는 집착과 욕심 그리고 이에 따라 일어나는 고뇌와 번뇌는 모두 그림자, 꿈, 이슬, 아지랑이, 거품, 번개라.

모든 것은 인연에 의해 잠깐 스쳐 지나가는 것들이라는 뜻입니다. 이 여섯 가지 비유를 왜 말씀하셨냐 하면, 모든 것이 실체가 없으니깐 거기에 너무 집착하지 말 것을 경고하기 위해서입니다. 그런데 여기서 명확히 알아야 할 것이 하나 더 있습니다. 세상이 그림자, 꿈, 이슬, 아지랑이, 거품, 번개라고 해서 모든 현실을 부정하고, 도피하는 마음으로 살라는 것이 아니라는 겁니다. 이것은 불교가 아니에요. 허무주의일 뿐입니다.

'일체유위법'이 '여몽환포영'이라고 알려준 것은 더욱더 자유롭게, 더욱더 나래를 펴고 확신에 차서 살아야 한다는 것을 심어주기 위한 것입니다. 현실 속에서 당당히 부처님의 근본정신을 실현시키라는 가르침입니다. 세상이 연기한다는 것을 아는데 어찌 허무주의에 빠질 수가 있겠습니까? 그래서 '범소유상 개시허망'입니다.

'범소유상 개시허망' 다음에 '약견제상(若見諸相) 비상(非相) 즉견여래(卽見如來)'라는 말이 이어집니다. 제상(諸相)은 모든 상을 말합니다. 제 앞에 있는 컵도, 마이크도, 꽃도, 책상도 전부 다 제상에 들어갑니다. 여러분도 저도 다 제상에 들어갑니다. 이 제상이 비상(非相)인 줄 알면 여래를 볼 것이라고 했습니다. 상이 상이 아닌지를, 영원한 상이 아닌지를 알면 그것이 본질을 보는 것이라고 이야기한 것입니다.

그런데 상이 상이 아닌지를 안다는 것은, 없어진 다음에 아는 것이 아니고 있는 그대로 보라는 말입니다. 있는 그대로 잘 볼 줄 아는 사람을 우리는 반야바라밀을 잘 실천하는 사람, 반야지혜가 아주 여여하게 깨어 있는 사람이라고 합니다. 사물을 볼 때 사물과 동시에 사물의 본질을 꿰뚫어볼 수 있는 지혜를 말하는 겁니다.

반야지혜가 열리면
믿기 힘든 힘이 생긴다

『금강경』을 볼 때 가장 중요하게 인식하고 있어야 할 것은 이 경전이 보살인행을 가르치고 있다는 겁니다. 부처님의 본모습을 가장 수승하게 드러내는 자리가 보살인행입니다. 여러분들은 부처님의 과거생 이야기 『자타카(본생담)』를 보신 적이 있으십니까? 『자타카』 속의 보살행은 부처님이 이러한 사물의 본질을 알았고 그 본질을 알아 무한한 생명의 아름다움과 자유로움을 알았다는 걸 보여주고 있습니다. 『자타카』 속에서 부처님은 생명에 대해 찬탄하고 상생을 도모했습니다. 부처님은 몸소 그런 보살인행을 우리에게 가르쳐주고 있습니다.

'보리살타'를 줄여 보살이라고 이야기합니다. 보리라는 말은 반야지혜를 말하고 살타는 중생을 말합니다. 위로 보리를 구하고 아래로 중생을 제도한다는 말입니다. 즉 부처님은 불성의 세계에서 머물지도, 그대로 열반에 집착하지도 아니하고, 중생들을 위해서 교화하고 중생을 위해서 이타행을 하고 중생을 이익되게 하신다는 뜻입니다. 이것이 바로 하화중생입니다.

중생이 왜 중생입니까? 하도 복잡한 걸 머리에 많이 가지고 있다고 해서 중생이라고 합니다. 쓸데없는 것들이 많다는 거예요. 무슨 쓸데없는 것이 많으냐? 생사업을 짓는 업식이 많다는 겁니다. 반야지혜가 있으면 업을 짓지 않는다고 했습니다. 역으로 반야지혜가 없으면 하는 것마다 모두 업이 되는 겁니다. 그래서 그 업을 많이 지고 있기 때문에 날 때마다 자꾸자꾸 반복해서 중생으로 나는 거예요. 그것을 끊을 수 있는 것이 금강반야바라밀의 사구게 '범소유상 개시허망 약견제상 비상 즉견여래'입니다. 중생심으로는 도저히 불안하고 두렵고 자신 없어서 행하지 못하는 보살인행이지만, 열리게 되면 믿기 어려운 능력을 드러내는 것이 또 반야지혜입니다.

자비와 지혜가 함께 해야
진정한 불교

지금까지 『금강경』 안의 사구게에 대해 말씀드렸는데, 사실 『금강경』에서 가장 중요한 것은 맨 앞인 제1분에 나와 있습니다. 제1분에 보면 부처님께서 공양할 시간이 되어서 25조 가사를 두르신 후 발우를 들고 사위성의 거리로 들어가 탁발을 하십니다. 일곱 집마다 한 집씩 들러 탁발을 마치시고는 기원정사로 돌아와 공양을 하고, 발우를 씻으시고, 발을 씻으시고, 좌복에 편하게 앉으십니다. 이 구절이 대단한 구절입니다. 이렇게 훌륭하고 불가사의한 내용이 없습니다. 의아해하실 분들도 있을 겁니다. 성스러운 경전 첫머리에 밥 먹고 발 씻는 것까지 시시콜콜 적었느냐고 반문할 사람도 있을 겁니다.

여러분 중에 자기는 누워서 텔레비전을 보면서 아이들에게는 바르게 앉아서 보라고 충고하는 부모님이 있을 겁니다. 그렇죠? 실천이 따르지 않으면 마이동풍입니다. 살아 있는 교육이 아니기 때문이죠. 이게 잔소리입니다. 이런 사람도 있습니다. 좋은 말을 많이 하고 강조해서 하지만 일상에서 그걸 전혀 행하지 않는 사람 말입니다. 부처님은 말로써 가르치신 것도 아니고, 어떤 좋은 성인의 말씀을 끌어다가 가르치신 것도 아닙니다. 부처님은 행동으로 몸으로 가르친 분이셨어요. 이런 내용이 많은 경전의 앞머리에 등장합니다.

학문적인 지식이나 철학적인 통찰로 불교를 이해할 수는 있습니다. 하지만 보살인행이 함께하지 않으면 그것을 불교라고 이야기할 수는 없습니다. 『금강경』에서 강조해서 이야기하는 것 중의 하나는 바로 실천입니다. 경전이나 사구게를 수지 독송한다고 하지요? 여기서 수지라는 말은 보살인행, 보살사상이 내 생활 속에 스며들어 일상화되어 자연스럽게 보살인격화됨을 말하는 겁니다. 저는 신도님에게 강의를 할 때 이 부분을 힘주어 이야기합니다. 『금강경』 사구게를 실천하고 갖추려면 날이면 날마다 일선(一善)을 해야 한다고 말이죠.

우리가 항상 선행과 봉사로 공덕을 쌓아나감으로 인해, 내가 가지고 있는 인색함과 에고, 집착 등이 다 떨어져나갈 수 있습니다. 어느 날 갑자기 도를 깨친다는 것은 허망한 생각입니다. 그런

건 있을 수 없어요. 진리를 알고 일상생활 속에서 실천해나가야 복과 공덕이 함께 갖춰지지요. 복과 공덕이 평행선을 이루며 어느 지점에 다다랐을 때 도를 깨치게 됩니다. 부디 이런 가르침을 몸과 마음에 체화시켜서 일상생활을 하는 데 큰 도움이 되었으면 하는 바람입니다.

실천불교전국승가회

대표

퇴휴 스님

자신의 허물을 살피되
남의 허물을
살피지 말라

1971년 수혜 스님을 은사로
출가, 동국대와 동대학원에서
선학, 철학교육을 전공하였다.
중앙승가대 대학원에서
실천불교를 전공하고
문학박사학위를 취득하였다.
경희대 NGO대학원에서
NGO학 석사학위를 받았다.
조계종 교육원 교육부장을
역임했으며 현재 중앙승가대와
동국대 불교대학원 외래강사,
실천불교전국승가회 상임대표를
맡고 있다. 1991년 법장사를
창건했다.

오늘 법문의 주제는 삼취정계(三聚淨戒)입니다. 세 가지 깨끗한 계를 모은다는 뜻입니다.

첫째는 섭률의계(攝律儀戒), 둘째는 섭선법계(攝善法戒), 셋째는 섭중생계(攝衆生戒)를 말합니다. 모든 계율들을 세 가지로 명시하고 있는 것입니다. 계라는 것은 무엇을 하지 말라는 뜻이 아닙니다. 하나하나 살펴보자면, 첫 번째인 섭률의계는 부처님께서 말씀하신 일체 모든 계율을 잘 지키고 모든 악을 막아내는 것을 말합니다. 섭선법계는 자발적으로, 스스로 선행을 행하는 것입니다. 섭중생계는 다른 말로 요익유정계(饒益有情戒)라고도 합니다. 유정은 중생과 같은 말입니다. 유정, 정이 있다는 말이지요. 즉 모든 애착, 집착을 가진 생명이라는 말입니다. 요익, 풍요로울 요를 써서 모든 중생들을 풍요롭고 이익되게 한다는 뜻입니다. 이것이 곧 계라는 말이죠. 중생을 교화하고 이롭게 하기 위해 온갖 힘을 다한다는 뜻입니다.

타인을 위한 활동은
곧 나의 수행 완성

대승불교는 여러 가지 특징이 있는데 그중 하나가 자리이타(自利利他)입니다. 그대로 풀이하면 나도 이롭고 남도 이롭다는 뜻입니다. 또 한 가지는 자각각타(自覺覺他), 나도 깨달음을 얻고 다른 이들도 깨달음을 얻는다는 뜻입니다. 나도 부처가 되고 남도 부처가 되도록 돕는 것, 이게 불교라고 보는 것입니다. 이것이 다른 종교와 불교의 큰 차이점입니다. 이 부분은 다른 어느 종교에서도 찾아볼 수 없는 불교만의 특징입니다. '내가 깨달아야 한다는 것에서 그치지 않고 남도 함께 깨달아야 한다', '나도 행복해야 하지만 남도 행복하게 만들어줘야 한다'는 것이지요. 이것이 자각각타의 마음입니다.

또 한 가지 특징이 상구보리 하화중생(上求菩提 下化衆生)입니다. 이 역시 자리이타와 상통합니다. 위로는 깨달음을 구하고(上求菩提), 아래로 중생을 교화한다(下化衆生)는 말입니다. 나와 같이 남도 깨달을 수 있도록 돕는다는 점에서 자각각타, 자리이타와 맥을 함께하고 있지요. 이것이야말로 대승불교의 가장 큰 특징이라고 볼 수 있습니다.

소승수행자는 성문수행자라고 합니다. 계율의 실천을 통해 자신의 수행을 완성해나가는 것을 말합니다. 계를 철저히 지킴으로써 자기 자신의 수행을 완성해나가는 것을 최우선으로 합니다. 반면 대승수행자는 모든 중생을 이롭게 하고자 하는 자비심으로 계율을 지킨다고 할 수 있습니다. 계율을 통해서 중생을 교화하고 제도한다는 것이며, 타인을 위한 활동이 내 수행의 완성에 큰 도움이 된다고 보는 것이지요. 남을 돕고 남을 위해 헌신하고 희생하고 봉사하는 것이 곧 내 수행을 돕고 내 깨달음을 완성시키는 중요한 활동이라고 보는 것이지요. 남을 위한 선행이지만 결국 내 수행을 돕고 완성시키는 활동이며, 남을 위한 헌신은 사실 남을 돕는 게 아니라 나를 사람답게 만드는 행동이라는 것입니다. 이것이 대승불교, 대승 계율의 특징이며, 대승과 소승의 차이이기도 합니다. 삼취정계는 이 같은 대승의 특징을 잘 담고 있는 대표적인 계율이지요.

삼취정계,
대승불교의 세 가지
기본적인 계법

　　　　　　삼취정계, 즉 섭률의계, 섭선법계, 섭중생계라
했는데, 섭률의계는 부처님이 정하신 계율을 지켜 악행을 막는 것
입니다. 여러분이 익히 알고 있는 불자오계를 예로 들어봅시다.
불자오계는 우바새오계 또는 우바이오계라고도 합니다. 이 불자
오계를 잘 지킨다는 것은 악을 행하지 않는다는 것이지요. 항상
자신의 몸과 말과 마음에 허물이 있는지를 돌아보고 허물이 없도
록 유지시키는 것을 섭률의계라고 합니다. 허물을 짓지 않도록 스
스로 되돌아보고 성찰하는 것, 늘 선행만 하여 청정한 상태를 유
지시켜나가는 것입니다.

　　계율에는 어떤 것이 있는지 먼저 살펴봅시다. 불교 교단을 구
성하는 것은 크게 나누어 네 가지, 즉 사부대중입니다. 비구, 비구
니, 우바새, 우바이를 말합니다. 이를 좀 더 세부적으로 나누면 칠
중(七衆)입니다. 비구와 비구니, 그리고 비구니가 되기 전의 여승
을 일컫는 식차마나가 있습니다. 여기에 사미와 사미니, 우바새와
우바이를 합친 것이 칠중입니다.

　　계 가운데 비구가 받는 계는 250계입니다. 비구니는 348계,
식차마나는 6계, 사미는 10계, 사미니도 10계, 그리고 우바이와
우바새는 5계를 받습니다. 재가자와 출가자가 지켜야 할 계율이

조금씩 다릅니다. 팔재계 또는 팔관재계라는 것도 있습니다. 평소에 수행자처럼 살 수 없는 재가자들이 일정 기간 동안에는 수행자처럼 살면서 지키는 계율입니다. 오계가 아니라 여덟 가지 계를 지키는 것이지요.

이같이 자신에게 맞는 계율을 잘 지켜나가는 것, 이것이 섭률의계입니다. 부처님은 자신의 계율을 철저히 지키고 허물은 살피되 남의 허물은 살피지 말라했습니다. 계를 범하는 이가 있다 하더라도 성내는 마음, 나쁜 마음을 갖지 말라고 했습니다. 오직 대비스러운 마음, 연민하는 마음으로 그들을 보라고 말씀하십니다. 섭률의계의 특징입니다.

섭선법계는 일상 속에서 선한 법을 실천해가는 것이지요. 몸이나 재물에 집착하지 않고 파계의 원인, 번뇌를 제거하는 것입니다. 섭중생계는 요즘으로 말하면 자원봉사라고 할 수 있지요. 다른 사람의 이익을 위해, 고통을 덜어주기 위해 헌신하고 노력하는 모든 것이 계라는 것이지요.

지금 말한 것이 삼취정계, 즉 모든 계율을 통합해 잘 지키고 나와 남을 모두 이롭게 하는 것입니다. 이것을 잘하면 결국 모든 계율을 잘 지킨 것입니다. 삼취정계는 소승계를 기반으로 하면서 중생계라는 대승적 이타행을 부과시킨 것입니다. 무슨 말인고 하면, 자기 자신의 수행을 잘 닦는 섭률의계에서 멈추면 안 된다는 뜻입니다. 섭중생계, 일체생명을 이롭게 해야 한다는 것입니다.

성찰을 통해 자신을 완성시키는 데 안주하지 않고 타인을 함께 이롭게 해야 한다는 의미입니다.

1,500년 전 원효 스님은 『보살계본사기(菩薩戒本私記)』에서 해와 달의 비유를 들어 계율에 대해 이렇게 말씀하셨습니다. "해와 달이 적절하게 조화가 잘 이뤄졌을 때 모든 생명이 제대로 성장할 수 있지만, 이 조화가 깨어지면 모든 생명이 고통을 받게 된다. 이처럼 삼취정계를 조화롭게 실천해야 한다." 오늘날의 삶에도 고스란히 적용이 되는 가르침입니다. 뜨겁고 따뜻한 것이 좋다 해도 계속 태양만 비춘다면 이 세상에 생명은 살 수 없을 것입니다. 반대로 태양이 없다 해도 마찬가지입니다.

섭률의계와 섭선법계만 지키고 섭중생계를 지키지 않는다면 이 사람은 자리행, 자기 자신만을 위한 수행을 하는 사람이라는 것이지요. 이타행인 보살행이 없으면 소승을 벗어나지 못합니다. 성불이라는 깨달음의 열매도 얻을 수 없는 것이지요.

또 만일 섭중생계만 있고 섭률의계와 섭선법계가 없는 이, 즉 남을 돕고 중생을 이롭게 하나 자신을 성찰하고 닦지 않는다면 이 역시도 공허한 것입니다. 내 마음 살림을 잘해야 다른 사람의 마음 살림도 도울 수 있는 것이지요. 때문에 이 사람 역시 자신을 완성시킬 수 없기에 깨달음이라는 열매를 취할 수 없습니다. 모두 바람직한 모습이 아니지요.

계율은 기본적으로 자기 자신의 완성에 목적을 두고 있습니다. 그러나 여기에 만족하고 안주해버린다면 진정한 완성은 이룰 수 없습니다. 그저 공허할 뿐이지요. 또 자신의 심신도 챙기지 못하면서 타인을 돕겠다고 하는 것도 어불성설입니다.

　모든 조화가 적절히 이뤄졌을 때 비로소 불교에서 말하는 깨달음을 향한 길을 걷게 되고, 자리이타, 자각각타, 상구보리 하화중생이 가능해진다는 점을 기억하십시오. 결국 내 행동 잘하고 이를 기반으로 타인을 이롭게 하는 것이 바로 불자가 지향하는 삶이라는 것입니다. 오늘 법문은 여기서 마치겠습니다.

송광사 방장 보성 스님을 은사로
출가해 1972년 해인사에서
사미계를, 1977년 쌍계사에서
비구계를 수지했다. 해인사
승가대학과 율원을 졸업했으며,
현재 송광사 부산분원 관음사
주지 및 사회복지법인 '늘 기쁜
마을' 대표이사, 대한불교조계종
고시위원, 송광사 율주, 사단법인
'한국불교 호스피스협회' 회장
등의 소임을 맡고 있다.

부산 관음사
주지
지현 스님

욕심을 원력으로
바꿀 때
행복을 누릴 수 있다

우리가 세상을 살아가는 힘이 어디에 있는가를 생각해 보면, 어떤 바라는 바를 이루고 싶어 하는 마음에 있지 않나 합니다. 살면서 아무것도 바라는 것이 없다면 사는 재미도, 의미도 없을 것입니다. 많은 사람들이 무기력증이나 우울증, 대인기피증에 시달리는 것도 다 이런 이유 때문이 아닐까 합니다. 무언가를 바라고 그것을 이루려고 노력하는 것이야말로 우리가 세상을 살아가는 원동력이라고 생각합니다.

우리는 각자 원하는 바를 성인(聖人)들에게 전달함으로써 그것을 이루고자 합니다. 즉 기도라는 수단을 통해서 부처님과 보살들에게 뜻을 전달하는 것입니다. 기도하는 내용에는 부처님께서 이루어줄 수 있는 바람이 있는 반면, 그렇지 못한 것도 있습니다.

진심으로 모두가 행복해질 수 있는 바람이라면 부처님께서 다 들어주실 테지만, 그것을 들어줌으로 인해서 더 고통스러운 결과가 초래된다면 이루어지지 않도록 하실 겁니다. 평소에 열심히 기도를 하지만 잘 채워지지 않는 것은, 우리가 바라는 것들이 대부분 욕심인 경우가 많기 때문입니다.

부처님은 상상할 수 없는 오랜 세월 동안 욕심과 욕망을 버리기 위해서 노력하셨습니다. 그렇게 모든 욕심을 버리고 이루었던 궁전이 정토의 부처님 도량입니다. 채움이 아니라 비움으로써 진정한 성취를 얻으셨던 것입니다.

욕심은 나만의 이기심을 채우려는 것이지만, 원력은 욕심의 허망함을 알고 세상 전체가 행복하기를 염원하는 마음입니다. 욕심을 원력으로 바꿀 때 삶은 향상될 수 있습니다. 욕심을 버리면 안정된 삶을 볼 수 있고, 현재의 모습에 만족하고 감사할 수 있습니다. 이런 만족과 감사에서 우리는 행복을 느끼는 것입니다. 욕심을 채우려고 아등바등하면, 항상 내 삶은 무엇인가 부족하고 모자라다는 생각에 불평불만으로 가득 찰 수밖에 없습니다. 적어도 불자라면 앞으로 기도를 할 때 '욕심을 버려서 더 이상 원하는 것이 없도록 해주십시오' 또는 '욕심을 버리도록 하겠습니다'라고 서원해야 할 것입니다.

자비심은
생명을 살리는 힘

호주에 사는 어떤 부부에게는 유치원에 다니는 사랑스런 딸이 한 명 있었습니다. 딸은 매일 아침 유치원에 가기 전 우유를 한 컵씩 마셨는데, 어느 날 우유를 접시에 부어 밖으로 가지고 나가더니 잠시 후 빈 접시를 들고 돌아왔습니다. 며칠 동안 같은 행동을 반복하는 딸을 이상하게 여긴 어머니가 몰래 뒤를 쫓아가 보았습니다. 딸은 우유가 담긴 접시를 들고 담 밖 으슥한 풀숲으로 들어가, 그곳에 접시를 내려놓고 뭐라고 나지막한 소리로 소곤거렸습니다. 그러자 곧 무서운 독사 한 마리가 나타나 접시에 담긴 우유를 먹고는 사라졌습니다. 다음날도 또 그 다음날도 똑같이 그렇게 하는 것이었습니다. 딸은 한 번 물리면 살아남을 수 없다는 무시무시한 독사와 친구가 된 것입니다.

그렇지만 그 모습을 본 어머니는 소름이 끼칠 정도로 놀라서 사실을 남편에게 이야기했고, 다음날 남편은 총을 들고 몰래 딸의 뒤를 쫓아가 뱀을 쏘아 죽였습니다. 그 일이 있은 후 딸은 큰 충격에 빠져 도통 음식을 먹지 않았다고 합니다. 병원에 데려가 갖은 방법을 동원했지만 아무 소용이 없었고, 결국 영양결핍으로 굶어 죽었다고 합니다.

사람은 욕심에 따라 같은 대상을 분별합니다. 딸은 순수한 마음으로 뱀의 굶주림을 가엾게 생각했고 우유로 허기를 채워주었습니다. 욕심이 없는 상태였기 때문에 뱀하고 친구가 될 수 있었던 것입니다. 욕심은 어떤 생명이나 물건을 내 소유로 만들고 싶기 때문에 그렇지 못한 것에 대해서 해하려는 마음을 들게 합니다. 욕심을 버림으로써 중생을 해치려는 마음, 즉 해물지심(害物之心)이 없어진다면 세상 모든 것과 친구가 될 수 있습니다.

우리가 사람들을 두려워하고 짐승들을 두려워하는 이유는 우리 마음속에 쌓여 있는 많은 원혼들의 보이지 않는 독기가 몸 밖으로 흘러나오고 있기 때문입니다. 기도를 통해 자비심을 일으키면 독기는 상생하는 작용, 생명을 살리는 힘으로 나타나게 됩니다. 그렇게 되면 온갖 두려워하는 짐승들과도 모두 친구가 될 수 있습니다.

행복으로 향하는 문

부처님 당시 교단을 어지럽혔던 사람 중에 데바닷타라는 사람이 있었습니다. 부처님의 사촌 동생이었고, 출가 전부터 부처님과 경쟁자였던 사람입니다. 그는 부처님을 따라 출가해서 상당한 실력을 갖추었지만, 부처님을 시기해 해치려고 했습니다. 부처님의 최대 후원자인 빔비사라 왕의 아들 아사세 왕자를 유혹해 왕위를 찬탈하도록 하고, 자신을 따르던 500명의 제자들을 데리고 부처님 교단을 뛰쳐나와 새로운 교단을 만들었습니다. 데바닷타는 부처님을 죽이기 위해서 아사세 왕과 협의하고 여러 가지 계략을 꾸몄습니다. 먼저 부처님께서 산 밑을 지나가시는 틈을 타 군사를 동원해 산꼭대기에서 바위를 굴렸습니다. 하지만 바위는 부처님의 자비심 속에서 작은 파편으로 나뉘어 단지 발톱 하나를 빠지게 하는 상처를 남겼습니다. 데바닷타는 포기하지 않고 이번에는 아사세 왕을 시켜서 부처님이 지나가는 골목에 며칠간 굶긴 코끼리 떼를 풀어놓으라고 했습니다. 부처님께서 골목을 지나가실 때, 맞은편에서 굶주림에 성난 코끼리 떼가 맹렬히 돌진해 왔습니다. 그런데 미친 코끼리들은 부처님 가까이 다가서자 아주 순한 양이 되어서 제자리에 엎드려 부처님 법문을 들었습니다. 자비심이라는 게 이런 힘입니다. 그야말로 자비무적(慈悲無敵)입니다.

우리가 어린아이들을 천진불이라고 하는 이유는 그들에게 욕심이 없기 때문입니다. 욕심이 없기 때문에 누구나 어린아이를 보면 좋아합니다. 이런 아이들이 어른들로부터 미움을 받기 시작하는 건 요구사항이 많아질 때, 즉 욕심을 부리기 시작할 때입니다. 어른도 마찬가지입니다. 누구나 욕심이 없는 사람을 좋아합니다. 그러면서도 또 그 사람을 향해서 욕심을 부립니다. 이것이 인간이 살면서 고통을 면하기 어려운 이유입니다.

이기심은 항상 고통으로 향하는 문을 엽니다. 반대로 원력은 다른 사람을 행복하게 해주려고 하는 마음이기에 행복으로 향하는 문을 열어줍니다. 따라서 진정한 행복을 얻으려면 먼저 욕심을 원력으로 바꾸기 위해 노력해야 합니다. 다른 사람을 도와주려는 원력을 세우고 이기심을 이타심으로 바꾸어나갈 때, 그 속에서 삶은 자연스럽게 행복하게 되는 것입니다.

만약 부처님께서 욕심을 많이 부렸던 사람이라면, 우리는 부처님께 예배하지 않을 것입니다. 세계를 크게 지배했던 많은 영웅들에게 절을 하지 않는 것과 같은 이유입니다. 칭기즈칸을 보고 절하면서 소원을 비는 사람이 있을까요? 혹은 알렉산더나 진시황 같은 사람을 향해 예배하며 기도하는 사람을 본 적이 있으십니까? 역사상 그들만큼 넓은 땅을 소유하고 위세를 떨쳤던 인물은 없습니다. 그러나 아무도 그들에게 기도하지 않습니다. 그들이 쟁취한 업적은 단지 욕심에서 비롯된 것이었기 때문입니다. 욕심으로 무엇인가를 이룬 사람은 남의 스승이 될 수 없고, 남의 뜻을 이뤄줄 수 없다는 이야기입니다. 부처님은 한 평의 땅도 가지지 못했지만 만인에게 도움을 주셨습니다. 그런 부처님께서 우리에게 주신 가르침이 바로 법(法)입니다. 진리라고 하는 것입니다.

부처님 진리의 몸[法身]을 유산으로 받아서 내 몸과 마음이 부처님의 진리로 채워질 수 있도록 노력해야 합니다. 이것이 우리가 기도를 하면서 발원해야 하는 내용입니다. 부처님께 예배하고 공양 올리고, 죄업을 끊임없이 참회하며 불보살님의 공덕을 수희찬탄 하는 이유가 여기에 있어야 한다는 것입니다. 그렇게 되면 욕심 덩어리인 이 육신에서 진리의 꽃이 피어날 수 있는 상황을 맞이할 수 있습니다. 강물을 소락제호(酥酪醍醐, 소나 양의 젖을 가공해 만든 최상의 음료)로 만든다는 보살계 수계의식문에 나오는 말처럼 욕심을 전부 버렸을 때, 아무것도 소유하지 않을 때, 비로소 우주 전체를 다 소유할 수 있습니다. 이는 부처님처럼 욕심을 버려본 사람만이 얻을 수 있습니다.

불교 수행의 첫 번째가 무엇입니까. 바로 보시입니다. 보시는 욕심을 버리는 일입니다. 욕심을 버리면 마음속에서 진심으로 환희심이 나오게 됩니다. 욕심을 버려야만 내가 가진 행복을 깨닫고 누릴 수 있음을 잊지 말고, 늘 보시하는 마음으로 원력을 세워 정진하시기 바랍니다.

1972년 김제 금산사에서
도영 스님을 은사로 출가했다.
용봉 스님을 계사로 사미계를,
석암 스님을 계사로 비구계를
수지했다. 대한불교조계종
기초선원장, 동화사 선원장,
조계종 전국선원수좌회 의장
등을 역임했으며, 봉암사,
해인사, 통도사, 백담사 등
제방 선원에서 정진했다.

백담사 무금선원

유나

영진 스님

다만 하지 않았을 뿐,
능력이 없는 것은
아니라네

산당정야좌무언(山堂靜夜坐無言)

적적요요본자연(寂寂寥寥本自然)

하사서풍동임야(何事西風動林野)

일성한안누장천(一聲寒雁淚長天)

고요한 산 속에 홀로 앉아서 묵묵히 세상을 바라보니

고요하고 고요해서 꾸밈없는 그대로가 본래 이러하구나

그런데 무슨 일로 서풍은 숲과 나무를 흔드는고

기러기 한 마리가 놀라 지르는 외마디 소리가 장천에 울려

퍼지는구나

– 야부 도천(冶父道川)

2,600여 년 전 석가모니 부처님께서 태어나시며 '천상천하 유아독존 삼계개고 아당안지(天上天下 唯我獨尊 三界皆苦 我當安之)'라는 탄생게를 읊으셨습니다. 해석하면 '하늘 위와 하늘 아래 오직 나 홀로 높도다. 중생이 사는 이 세상은 온통 고통일지니 내가 마땅히 이를 편안케 하리라'는 뜻입니다. 한데 위의 시는 그러한 부처님의 탄생 원력마저도 부질없는 짓이라고 말하고 있습니다. 본래가 고요해서 자연 그대로인데, 왜 쓸데없이 태어나서 평지풍파를 만드냐는 것입니다. 본래 자리에서 보면 석가모니 부처님께서도 이러한 허물을 남기셨는데, 오늘 제가 여러분께 설법을 한다는 게 전부 허물투성이가 아닐지 걱정스럽습니다.

무명의 구름을 벗겨내고
진여의 마음을 보라

부처님께 설하신 8만4천 법문을 한마디로 응축시키면 마음 심(心)자 하나로 귀결된다고 합니다. 이를 진여(眞如)의 마음이라고 합니다. 그러나 본래 이 마음을 가지고 있다고 해서 모든 것이 끝나는 것은 아닙니다. 왕자가 왕이 되기 위해 혹독한 왕자 수업을 거치듯, 진여의 마음을 깨닫기 위해서는 치열하게 수행을 해야 합니다. 세계적인 성인으로 추앙받는 달라이 라마 역시 끊임없는 훈련을 거듭했기에 지금의 자리에 우뚝 설

수 있었습니다.

　진여의 마음은 새롭게 만들어내는 게 아닙니다. 본래 내 안에 존재하기 때문에 그저 확인하면 되는 것입니다. 예컨대 하늘에 떠 있는 태양이 구름에 가렸다고 한들 없어진 게 아니고, 밤이 되었다고 태양이 사라진 게 아닙니다. 태양은 항상 그 자리에 있습니다. 진여의 마음 역시 항상 그 자리에 있습니다. 『반야심경』에 나오는 무명이라는 말은 모든 괴로움의 시초입니다. 원래 밝은 마음인데 구름이 껴서 어둡다는 말입니다. 따라서 우리가 해야 할 일은 본래의 마음을 감싸고 있는 어둠, 무명의 구름을 한 꺼풀 한 꺼풀 벗겨내는 일이라 하겠습니다. 이 작업을 불교에서는 수행이라고 말합니다.

　불교의 수행법에는 참으로 다양한 것들이 있습니다. 기도를 하는 것도 수행이요, 선행을 쌓는 것도 수행이며, 부처님 경전을 외우거나 절을 하는 것도 모두 수행입니다. 이 많은 수행법들 가운데 오늘은 참선에 대해 한 말씀 드려볼까 합니다.

　대한불교조계종의 대표 수행법은 간화선(看話禪)입니다. 조사선으로부터 명맥을 유지해온 화두법(話頭法)이 송나라 대혜 종고 선사(大慧宗杲, 1089~1163)에 의해 간화선으로 정립되면서 지금에 이른 것입니다. 대혜 선사에 관해서는 유명한 일화가 하나 전해지는데, 바로 『벽암록』이라는 책을 불살라버렸다는 이야기입니다. 『벽암록』이라 하면 불교의 모든 법문이 총망라된 그야말로 굉장

한 어록인데, 그걸 태워버린 것입니다. 그것도 본인 스승이 평생을 걸쳐 만든 역작을 말입니다. 왜 그랬을까요?

당시 대혜 선사께서 사람들과 대화를 나누어보니 하나같이 정답만을 이야기하더라는 것입니다. 하지만 그것은 진정한 깨달음이 아닌, 『벽암록』을 읽고 그저 입으로 흉내를 내는 것에 불과했습니다. 이에 대혜 선사께서는 『벽암록』으로 인해 선(禪)이 구두선(口頭禪)으로 전락할 것을 염려해 책을 없애버렸던 것입니다.

이러한 바탕 위에 정립된 수행법이 간화선입니다. 간화선은 나쁜 습관을 단박에 뿌리 뽑고, 번뇌를 일거에 제거해버리는, 날카로운 무기이자 최고의 수행법입니다. 상상근기를 지닌 사람들을 위한 수행법이기에 조금 어렵기는 하지만 또한 반드시 해야 할 수행법이기도 합니다. 극락과 지옥을 오가는 것도 결국은 마음의 작용입니다. 그러니까 불교에서는 이 마음 하나 잘 다스리고, 순응하고, 그 마음이 본래 부처님 그 마음인 것을 스스로 확인하는 수행을 하는 데, 수행 중에서도 최고의 수행이 간화선입니다.

마음을 낮춤으로써
믿음의 뿌리를 굳게 내려라

간화선 공부를 하기 위해서는 나름의 준비과정이 필요한데, 이를 간화삼요(看話三要)라고 합니다. 그 첫 번째는 대신근(大信根), 큰 믿음입니다. 전혀 흔들림이 없는 마음을 『화엄경』에서는 '신이도원공덕모 장양일체선근(信而道源功德母 長養一切善根, 믿음은 도의 근원이고 공덕의 어머니이다. 이는 모든 선근을 증장시킨다)'이라고 표현하고 있습니다. 즉 믿음은 보이지 않는 뿌리와 같다고 할 수 있습니다. 뿌리가 튼튼하면 가지와 줄기가 쭉쭉 뻗어나가듯 간화선 수행을 할 때도 확고한 믿음만 있으면 나머지는 저절로 따라오게 돼 있습니다.

　　잠깐 제 출가 본사인 금산사에서 있었던 재밌는 에피소드 하나 들려 드리겠습니다. 당시 한 보살님께서 절에 자주 오셨는데 종종 뵙다보니 가깝게 지내게 되었습니다. 하루는 보살님께서 제게 이렇게 묻는 것이었습니다. "스님, 관세음보살보다 더 영험 있는 분이 누굽니까?" 질문을 받은 저는 하도 어이가 없어서 "그럼, 영진 대사를 찾으시오"라고 답해주었습니다. 그러고는 결제를 맞아 선방에 들었다가 정진을 마치고 돌아왔는데, 글쎄 금산사가 온통 웃음바다가 되어 있었습니다. 보살님께서 제 말을 철썩 같이 믿고, 기도를 할 때마다 "영진 대사, 영진 대사…" 하며 제 법명을 불렀다는 겁니다. 그 얘기를 듣고 보살님께 죄송한 마음이 들었지만, 한편으론 보살님께서 바라던 더 좋은 결과를 얻으셨으리라 생각했습니다. 제가 관세음보살보다 잘나서가 아니라 그분이 순수하게 믿고 열심히 하셨기 때문입니다.

　　그만큼 믿음이라는 게 중요한 것입니다. 무엇을 하든 확고한 믿음으로 하면 안 될 게 없습니다. 간화선 화두 가운데 '판치생모 (板齒生毛, 이에서 털이 난 도리가 무엇인가)'라는 것이 있습니다. 이 화두를 받은 한 스님이 이 판(板)이 어금니인지, 앞니인지 사전을 찾아보며 묻고 돌아다녔다고 합니다. 그런데 어금니면 어떻고, 송곳니면 어떻고, 앞니면 어떻습니까? 거기에 뜻이 있는 게 아닙니다. 무엇이든지 믿음을 두고 열심히 하기만 하면 됩니다.

한편 모든 것의 근본인 믿음에도 근본이 있습니다. 바로 하심 (下心)입니다. 하심은 자기를 온전히 비우고 버리는 일입니다. 여러분은 부처님께 절을 올릴 때 어떻게 하십니까? 이마를 땅에 대고 두 손으로 부처님의 발을 받들어 올립니다. 우리한테 제일 아래는 발이고 제일 위는 머리인데, 내 머리를 상대방의 발아래 두는 것이 정례입니다. 이것이 바로 하심입니다.

처음 절에 오면 스님이 되기 전 행자생활을 시작합니다. 이 시기는 수행자가 평생 혼자 살 수 있도록 힘을 길러주는 시간인 동시에 세속의 물을 비워내고 마음을 낮추는 하심을 배우고 익히는 시간입니다. 부처님 법을 배우고 공부하는 여러분도 모두 행자라고 할 수 있습니다. 그러니 하심을 할 줄 아셔야 합니다. 하심은 자기를 버리는 것입니다. 아주 작은 자신의 아상이나 내가 안다는 생각을 가지고 있으면 그것은 하심이 아닙니다. 하심을 바탕으로 믿음이 생길 때 비로소 자신의 본래 진면목을 찾겠다는 의지가 생겨나게 될 것입니다.

유수 같이 빠른 세월,
분심을 일으켜
수행정진하라

간화삼요의 두 번째는 대의단(大疑團)입니다. 수행을 하겠다고 결심을 한 뒤에 스승을 찾아가면 화두를 내려줍니다. 그때 화두가 가슴속에 딱 박혀서 화두를 드는 나와 그것이 둘로 나눠지지 않는 상태가 되면, 그것을 대의단이라고 말합니다. 간화선은 '1+1=2'라는 수학문제를 푸는 것이 아닙니다. 스승을 찾아서 나의 가장 근원적인 문제를 해결할 수 있다는 철두철미한 믿음을 가지고 수행하는 것입니다. 그리고 그 믿음의 근원에는 하심이 있습니다. 물론 쉽지 않습니다.

사람마다 차이는 있겠지만, 용맹정진을 하거나 100일 정진을 하더라도 잘 되지 않습니다. 그럴 때 대부분의 사람들은 좌절을 하고 선방을 떠나거나 수행을 관둡니다. 하지만 그럴 때일수록, 50대에 생사의 문제를 해결하고 세상을 떠난 나옹 선사나 보조 스님, 경허 스님 같은 분들을 떠올리며 '왜 나는 그렇게 하지 못하는가' 하는 마음을 일으켜야 하는 것입니다. 이것이 바로 간화삼요의 세 번째 대분심(大憤心)입니다.

분심을 일으키기 위해서 반드시 윗사람만을 바라볼 필요는 없습니다. 제가 일전에 선방에서 정진할 때, 결제한 지 보름 정도 지난 어느 날 밤 취침 중에 소변이 마려워 자리에서 일어났다가 온몸에 소름이 돋을 정도로 전율을 느낀 적이 있습니다. 어둠 속에서 하판 스님(下板, 선방에 다닌 지 얼마 되지 않은 스님)들이 석상처럼 꼿꼿이 앉아 좌선을 하고 있었던 것입니다. 그 모습을 보고 '아, 내가 보름이라는 시간을 헛되이 보냈구나' 하는 부끄러운 마음이 들었습니다. 이렇듯 분심은 누구한테라도 배울 수 있는 것입니다.

옛말에 '피개장부 여역이 단부위야 비불능야(彼旣丈夫 汝亦爾 但不爲也 非不能也)'라는 말이 있습니다. 해석하면 '당신들이 선지식이라면 나라고 어찌 그렇지 않겠는가. 다만 하지 않았을 뿐 능력이 없는 것은 아니라네'라는 뜻입니다. 곧 능력은 다 똑같다는 말입니다. 마음만 먹으면 누구든 할 수 있다는 것입니다. 여러분도 분심을 일으켜서 한번 해보시라는 말씀입니다.

세월은 유수와 같이 빠르게 흘러서 눈 깜박할 사이에 지나가 버립니다. 삶이란 영원히 사는 게 아닙니다. 그러니 차일피일 미루지 말고 하루 빨리 분심, 무상심을 내어서 수행정진하시길 바랍니다. 불교는 수행의 종교인데 수행 중에 가장 빠른 지름길이 참선이요, 참선 중에도 최상승인 간화선입니다. 철저한 하심을 바탕으로 믿음을 일으키고, 선지식이 제시해주는 말씀을 화두 삼아 공부하면서, 막힘이 있을 때는 포기하지 말고 더 분심을 내어 자신을 채찍질하는 그런 불자가 되어주시길 간절히 발원합니다.

가평 백련사

주지

승원 스님

삶은
생각하는 대로
살아진다

관조 스님을 은사로 범어사에서
출가했으며, 해인사 승가대학
및 동국대학교 선학과와
대학원을 졸업하였다. 봉암사,
동화사 선원 등에서 수선하였고
육화정사와 선림원을 개설하여
도심포교에 앞장섰다. 봉은사
총무와 기획실장, 조계종
대변인, 총무원 기획실장 등을
역임하였다. 1999년부터
백련사 주지 소임을 맡고
있으며, '가평불교사암연합회'를
결성하여 회장으로서 지역 불교
발전을 위해 진력하고 있다.

기도를 올리는 일은 자기 삶을 완성하는 수행이자 가족과 이웃, 세상의 행복을 발원하는 복된 일입니다. 대부분의 불자들은 꾸준히 절을 찾아 기도와 수행을 이어가지만, 간혹 신도님들 중에 바쁘거나 일이 있으면 안 나오는 등 들쭉날쭉 하는 분들이 계세요. 조금 바빠도, 피곤해도, 일이 있어도 기도법회 시간만큼은 지키는 게 좋습니다. 공부하려는 마음을 냈다가 한두 번 게으름을 피우면 다음에 미안해서 안 나가게 되고, 또 그러다 보면 하기 싫어지고, 이런 식으로 수행이 흐지부지되기 때문이에요.

시간과 인연을
잘 관리하는 것이
수행의 핵심

물론 사회생활을 하다보면 시간이 부족해서 초하루, 지장재일, 관음재일 등을 일일이 다 챙길 수 없습니다. 그래서 저는 불자들에게 이런 얘기를 해요. 한 달 중 특정한 날을 정해 그날만큼은 무슨 일이 있어도 나가겠다고 발원을 하라고 말입니다. 예를 들어 '관음재일만큼은 빠지지 않겠다', '지장재일만큼은 꼭 참석하겠다' 하는 원력을 세우고 실천하라는 거예요. 원력을 세우고 꾸준히 수행을 해나가야 마음에 흔들림이 없을 것입니다.

흔히 수행은 '관리'라고 말합니다. 먹는 것, 입는 것, 사는 것. 즉 신구의(身口意) 삼업을 잘 관리하는 것이 수행의 기본이라는 것이지요. 여기에 몇 가지를 덧붙이면, 시간을 잘 관리하는 것 또한 중요합니다. 다른 것도 마찬가지지만 수행도 시간을 관리하지 못하면 절대 이뤄지지 않기 때문이에요. 그리고 총체적으로 인연을 잘 관리해야 합니다. 인연이 잘 엮어져야 삶이 편안하고 수행에도 성취가 있어요. 결국 시간과 인연을 잘 관리하는 것이 수행의 핵심입니다.

특별하게 3,000배를 하고 용맹정진을 몇 번씩 하는 것, 이런 것만이 수행을 잘하는 게 아닙니다. 개인적으로 철야정진을 그다지 좋아하지 않는데, 철야정진을 하고 나면 3~4일 정도 리듬이

깨져서 후유증이 오래가기 때문이에요. 특히 나이가 들수록 회복이 더딥니다. 그래서 저는 말뚝신심으로 철야정진을 하는 건 젊은 불자들에게 권장하고, 나이가 있는 불자들에게는 철저하게 시간을 관리해 수행을 이어가는 데 주의를 기울이라고 말씀드려요. 수행하다 11시 30분쯤 잠자리에 들고 새벽 3시 30분쯤 일어나 다시 수행하는 식으로 정진하라고 일러줍니다. 무엇보다 중요한 건 꾸준한 수행을 통해 마음의 평상심을 지속시키는 일이에요.

인간은
생각한 대로 살아간다

절집에서는 '참회하라', '발원하라', '기도하라'는 말을 많이 합니다. 그 말의 핵심은 마음을 내려놓는 데 있어요. 그런데 놓으라고 해서 모든 걸 깡그리 다 놓아버리면 안 됩니다. 무념무상(無念無想)이란 잘못된 생각을 놓아 망상이 없는 상태에 든 것이지, 좋은 생각마저 모조리 비워버리라는 뜻은 아니에요. 참선할 때도 모든 잡념을 버리지만 오직 하나, 화두만큼은 끝까지 붙들지 않습니까? 그렇듯 하나의 올바른 생각을 놓지 않고 참구하는 것이 삼매(三昧)이지, 아무 생각 없이 멍청하게 앉아 있는 것을 삼매라고 말하지 않아요.

우리가 어떤 마음을 먹느냐에 따라 삶의 모든 것이 결정되니다. 저는 우스갯소리로 우리가 태어날 때 정신없이 태어나는 것은 죽을 때 정신없이 죽었기 때문이라고 말해요. 이 말은 '늘 깨어 있으라'는 말을 비유적으로 표현한 것인데, 깨어 있다는 것은 올바른 생각을 가지고 있는 것을 의미합니다. 말하자면 죽기 전에 바른 생각을 가지고 죽으면, 다음 세상에 태어날 때 올곧은 생각을 그대로 가지고 태어난다는 거예요. 그러니 지금 현재의 일념이 가장 중요합니다. 『성공의 법칙』의 저자 맥스웰 몰츠(Maxwell Maltz)는 이런 말을 했어요. "인간의 뇌는 미사일의 유도 장치와 같아서 자신이 목표를 정해주면 그 목표를 향해 자동으로 유도해 나간다." 어떤 생각을 머릿속에 품고 있으면 그 생각대로 삶이 전개된다는 겁니다. 그래서 인간은 생각하는 대로 산다고 얘기하는 거예요.

정신없이 살면 정신없이 살아지는 겁니다. 살아지는 것이지 주체적으로 사는 것이 아니에요. 올곧은 생각을 지켜내고 잘못된 욕심, 집착, 번민을 비워내는 게 중요합니다. 우리가 기도를 하고 참선을 하는 것도 이러한 이유 때문이에요. 기도는 '뭐 해주세요' 하며 바라는 게 아니라, 구하고 채우는 것입니다. 바른 생각, 원력, 신심, 지혜를 구하고 채우는 작업이에요.

반면에 참선은 잘못된 생각을 버리고 비우는 작업입니다. 마음을 비우고 하나의 생각을 유지해 나가는 게 간화선의 기본이에요. 바른 생각과 원력을 잘 지키려면 나머지 것들은 덜어내고 비워야 합니다. 특히 모든 병과 괴로움의 원인이 되는 집착을 버릴 수 있어야 해요. 일전에 법정 스님은 다음과 같이 말씀하셨습니다.

"우리들은 세상을 살아가면서 모든 것이 내 마음대로 되길 바라지만 이 세상에서 내 마음대로 되는 것은 아무것도 없다. 무엇인가를 주거나 버리거나 양보하거나 비우지 않고서는 아무것도 이뤄지지 않는다. 버리고 비우는 일은 결코 소극적인 삶이 아니라 지혜로운 삶의 선택이다. 버리고 비우지 않고는 새것이 들어설 수 없다. 공간이나 여백은 그저 비어있는 것이 아니라 그 공간과 여백이 본질과 실상을 떠받쳐주고 있다."

채움의 전제조건이 비우기라는 말씀이지요. 우리 안에 가득 차 있는 분별, 망상, 시비 등을 비워야 새로운 깨우침이 들어올 수 있는 거예요. 재밌는 건 누군가 있어 우리 안에 온갖 미혹과 삿됨을 채워놓는 것이 아니라는 사실입니다. 내가 나를 묶어놓고 있는 것이지요. 아무도 여러분을 불편하게 한 적이 없습니다. 스스로 마음속에 어떤 하나를 집어넣고, 그것에 엮여 스스로 불편해하고 있는 거예요.

저는 늘 이런 얘기를 합니다. "고정된 관념을 버려라." 만약 내 안에 조금이라도 고정관념이 있다면, 모든 것을 보고 듣고 느끼고 판단하는 데 그 잣대를 사용할 수밖에 없어요. 진짜 불자는 부처님이라는 고정된 틀마저도 벗어날 수 있어야 합니다. 오직

한 분만 부처님으로 보면 다른 분들을 부처님으로 볼 수 없어요. 부처님과 불교라는 틀에서 자유로워야 모두를 부처님으로 볼 수 있고, 그런 눈으로 세상을 볼 줄 알아야 진짜 불자라고 할 수 있습니다.

집착만 버리면
즉시 해탈한 존재

초조 달마 대사부터 혜가, 승찬, 도신, 홍인에 이르기까지 선종의 역대 조사들의 법문은 한결같이 '안심법문(安心法門)'입니다. 너 스스로 자유로운 존재이니 집착만 버린다면 즉시 괴로움에서 벗어나 해탈을 맛볼 것이라는 내용이에요. 같은 뜻을 담은 남악 회양 스님과 석두 희천 스님의 재밌는 일화가 하나 전해옵니다. 두 스님은 육조 혜능 스님 이후 최고로 잘 나가는 선지식들이었는데, 동시대를 살아가며 중국에 불법을 펴나갔어요. 두 스님은 서로의 그릇을 잘 알기에 서로 존경하고, 또 시자들을 통해 서신을 주고받기도 했다고 합니다.

하루는 남악 회양 스님이 석두 희천 스님에게 시자를 보냈어요. 시자가 석두 희천 스님께 말하길 "스님, 저희 스님이 여쭤보라고 해서 왔습니다."라며 "어떤 것이 해탈입니까?" 하고 물었습니다. 그러자 석두 희천 스님이 "누가 그대를 속박했는가?"라고 되

물었다고 해요. 이에 다시 시자가 "어떤 것이 정토입니까?"라고 물었는데, 이번에는 "누가 그대를 더럽혔는가?"라고 반문했다고 합니다. 그리고 끝으로 시자가 "어떤 것이 열반입니까?"라고 묻자, 스님께서 "누가 너에게 생사를 주었느냐?"라고 답했어요. 얼마나 시원합니까? 아무도 너를 속박하거나 불편하게 한 적이 없는데 스스로 그러고 있다는 말입니다. 여러분도 공감이 가시죠? 다들 집에 가서 그러잖습니까. 남편, 자식과의 관계에서 괜히 조그마한 것 하나 마음에 담아두고 서로 불편해하며 말도 못하고 삐죽삐죽하고 있잖아요.

선가에서는 숲도, 물도, 바람도 깨닫는다고 해요. 깨달음의 눈으로 보면 다 그렇게 보인다는 겁니다. 불편한 눈으로 보면 모든 것이 다 불편해 보이지만 평화로운 눈으로 보면 모든 것이 다 평화로운 법이죠. 내 스스로 괜히 마음속에 뭘 담아두고 불편해하고 힘들어하고 괴로워하는 거죠. 그러니까 근심과 걱정도 오늘 다 놓아버리고 가세요. 지금 여기에서 오늘까지의 집착과 분별과 시비와 미련이 놓아진다면, 지금 이 순간 우리는 이미 해탈한 존재입니다.

세상에 거의 모든 사람, 특히 실패한 사람들은 '언젠가 증후군(Someday Sickness)'을 가지고 있다고 해요. 언젠가는 할 거야, 이것 때문에 다 실패하고 안 된다는 겁니다. 그저 맹목적인 낙관으로 삶을 허비하는 사람들, 이런 사람들의 좌우명은 '어느 날'이라고 해요. 하지만 그 '어느 날'은 영원히 오지 않습니다. 그날을 위해 자신을 갈고 닦지 않는다면 말이지요.

지금 만족하지 못하고 평화롭지 못하면 영원히 그렇지 못합니다. 그러니 지금 놓아버리세요. 지금 자유로워지세요. 현재는 과거의 필연적 산물이고 모든 미래의 필연적인 원인이 됩니다. 그래서 현재가 가장 중요해요. 우리의 깨달음의 성취도, 평화스러움도 지금 여기에 있는 것입니다. 내일이나 다음이 아니고 내 마음 속에, 내가 서 있는 삶의 현장 여기에 그대로 들어 있는 거예요. 지금 여기에 머물되 고정된 관념과 집착을 버리는 순간, 우리는 이미 해탈한 자유로운 존재이며 부처님의 품속에 들어 있는 존재입니다.

여수 석천사

주지

진옥 스님

마음을 잘못 쓰고
행복해질 수 있는
방법은 없다

구례 화엄사에서 명선 스님을
은사로 출가해, 화엄사
강원 및 중앙승가대학교를
졸업했다. 문수종합사회복지관,
연꽃어린이집, 옹달샘어린이집,
장기요양시설 하얀연꽃 외 다수의
복지시설을 운영하며 불교 포교와
사회복지에 이바지하고 있다.
현재 전남 환경운동연합 상임의장
및 여수 석천사 주지 소임을 맡고
있으며, 저서로는『그대 그대는
낮아서 높습니다』,『송광사 가는
길』,『길 없는 길 몽고 길 부처 길』
등이 있다.

　　　　　요즘은 각자 지식이 풍부하고 경
제적으로도 풍요롭지만, 사람들에겐 항상 무엇인가 결핍되어 있
습니다. 그중 하나가 선한 마음입니다. 부모에게 효도하고 형제간
에 우애 있게 지내며, 이웃과 나누고 화를 안 내는 그 마음. 최근
들어 지식과 물질의 소유가 높아진 반면 사람들의 마음 씀씀이는
되레 험악해진 것만 같아 안타깝습니다.

　　일전에 달라이 라마께서는 아이들에게 마음 쓰는 법을 잘 가
르쳐야 앞으로 세상이 좋아질 것이라고 말했습니다. 서로 다투고
경쟁하는 마음이 아닌, 좋은 심성으로 서로 행복하게 살아갈 수
있는 교육을 시켜야 한다고 말입니다. 그런데 지금 우리들의 모
습은 어떤가요? 대부분의 부모들은 아이들에게 어떻게든 시험 잘

쳐서 좋은 학교 들어가고, 남들보다 높은 위치에서 부자가 되고 출세하라고 가르치고 있습니다. 그것이 자신에게 효도하는 길이라고 말하면서 말입니다. 하지만 남보다 좋은 학벌을 가지고, 남보다 빨리 승진해서 많은 돈을 버는 것으로 행복해질 수 있다고 믿는 것은 정말이지 어리석은 생각입니다. 예를 들어 남편이 돈을 좀 번다고 하더라도, 매일 같이 술을 마시고 들어와 행패를 부린다면 차라리 돈을 좀 적게 벌더라도 가정적인 사람이 되어주길 바랄 것입니다. 제아무리 돈과 명예가 행복을 가져다주는 제1조건이라고 생각하는 사람일지라도 이런 상황에서 결코 행복하다고 말할 수 없을 것입니다.

여러분이 바라는 진짜 행복이 무엇인지 곰곰이 돌아볼 필요가 있습니다. 부처님께서는 마음을 잘못 쓰고 행복해질 수 있는 방법이란 없다고 말씀하셨습니다. 그것은 마치 보리 씨앗을 심고서 절대로 쌀을 거둘 수 없는 것과 같은 이치입니다. 우리 마음은 하나의 씨앗과도 같아서 모든 결과가 이 씨앗에서 비롯됩니다. 즉 어떻게 마음을 먹느냐에 따라 삶이 달라진다는 이야기입니다. 그러니 진정으로 행복해지길 바란다면 행복을 기르는 선한 마음의 씨앗을 심는 일부터 시작해야 할 것입니다.

마음을 악하게 먹거나 독하게 먹는 것도 불행을 초래하는 중요한 구실이 되지만 마음에 분별력이 없는 어리석음 또한 행복을 가로막는 큰 원인 중 하나가 됩니다. 일전에 한 신문기사를 보고 까무러칠 정도로 놀란 적이 있습니다. 할머니 두 분이 농약을 밀가루로 착각하고 부침개를 해 드셨다가 돌아가셨다는 기사였습니다. 설령 글을 읽지 못한다고 하더라도 냄새만 맡아봐도 그것이 농약인지 밀가루인지 구분할 수 있었을 텐데 하는 안타까운 마음이 들었습니다. 알고 모르는 배움의 깊이를 떠나 분별할 수 있는 능력이 없었기 때문에 스스로를 죽음으로 몰아가고 말았던 것입니다.

선과 악을 구분할 줄 아는 바른 분별력

부처님께서는 어리석음을 무지(無知)라고 말씀하셨습니다. 무지한 사람은 선과 악을 구분하지 못하기 때문에 본인이 악을 행하면서도 선을 행하고 있다고 착각하고 살아갑니다. 그러다 훗날 자신에게 고통이 닥치면 '왜 나에게만 이런 고통이 오는 것일까?' 하며 오히려 남을 원망하게 됩니다. 이런 무지에서 벗어나기 위해서 우리는 부지런히 공부해야 하는 것입니다. 부처님과 같은 성인의 가르침을 배우고, 스님들 법문도 항상 귀담아 들으시기 바랍니다. 성인들의 말씀은 옳고 그름을 전부 분별해 놓은 것이기에 한 치의 거짓됨도 들어 있지 않습니다. 그렇기 때문에 한번 잘 새겨들으면 언제 어떤 상황 속에서도 정확한 판단을 내릴 수가 있습니다.

　보통의 사람들은 자신의 편의대로 선과 악을 구분 짓습니다. 즉 내 마음에 들면 선한 것이고 아니면 악하다고 생각합니다. 비판하는 사람 자체를 싫어하고, 자기에게 잘해주고 아부하는 사람들을 가까이 합니다. 그러나 『논어』나 『맹자』 등을 보면, 예부터 훌륭한 임금들은 절대로 곁에 아첨꾼을 두지 않았다고 합니다. 중국 역사상 가장 태평성대를 이루었다는 주나라 왕 역시 철저하게 비판적인 사람들을 신하로 삼았습니다. 몸과 마음의 귀를 열고 주변의 비판을 겸허히 수용해 정책을 펼침으로써 온 나라와 백성이 모두 행복할 수 있었던 것입니다. 당장의 욕심과 이기심에 빠져 눈앞에서 아첨하는 소리만을 듣고 따르는 것은, 결과적으로 자신의 행복에 아무런 도움이 되지 않는다는 사실을 명심하시기 바랍니다.

　선한 마음이란 남의 행복을 먼저 생각하는 일, 달리 말하면 배려하는 마음입니다. 이런 배려심의 극치로 예를 들 수 있는 분이 바로 세종대왕입니다. 세종대왕이 한글을 만들기 전에는 800만 명 인구 중 단 10퍼센트만이 글자를 알고 쓸 수 있었다고 합니다. 나머지는 말만 할 줄 알았지 글을 쓰거나 읽지 못했는데 이 때문에 발생하는 문제가 적지 않았다고 합니다. 심지어 자기를 죽이라는 편지를 받아들고 스스로 망나니 앞으로 찾아가는 웃지 못 할 일도 벌어지곤 했습니다. 이에 세종대왕이 글자를 만들어서 모든 백성들이 정보를 알 수 있도록 해야겠다는 생각을 했던 것입니다. 많은 사람들이 우리 역사에서 가장 위대한 임금을 꼽을 때 두말할 것 없이 세종대왕을 꼽는 이유가 여기에 있습니다. 백성을 위한 마음으로 어떻게 하면 백성들에게 큰 이익을 줄 수 있을까, 어떻게 하면 백성들의 삶을 보다 풍요롭게 만들어줄 수 있을까를 항상 고민했던 분이기 때문입니다.

자신의 아들딸이 행복하길 바라는 것과 같은 심정으로 다른 사람이 나보다 행복하길 바라고, 남이 선행을 행하거나 칭찬받는 모습을 보며 진심으로 기뻐해주는 것을 수희찬탄이라고 말합니다. 그런데 실제로 우리 삶에서는 이와 반대되는 경우가 더 많습니다. 남이 잘 되는 걸 보면 어디선가 삐딱하게 꼬인 마음이 나와서 험담을 하거나 깎아내리게 됩니다. 그런 씨앗을 가지고는 결코 행복해질 수 없음을 분명히 아셔야 합니다. 더욱이 불자라면 기본적으로 선한 마음을 가질 수 있어야 하겠습니다.

선한 마음이
복을 짓게 한다

사람들은 남을 위해 사는 것이 나에게 손해라고 생각합니다. 남을 돕는 것은 내가 여유가 있을 때나 하는 것이지, 죽자 살자 살아도 살아남기 힘든데 어떻게 남을 위할 시간이 있냐는 겁니다. 하지만 선행은 따로 돈 들이고 시간을 내서 하는 것이 아닙니다. 일상생활 속에서 도움을 필요로 하는 사람들을 위해 얼마든지 선행을 할 수 있습니다.

그런데 우리는 이런 나눔이 삶을 살아가는 데 마치 큰 손해가 되는 것처럼 생각하고, 은연중에 아이들에게도 그렇게 가르치고 있습니다. 아이가 다니는 학교에 그것도 같은 반에 장애인이 있다고 하면 어떻게 하시겠습니까? 아마 대부분의 학부모들은 엄청나게 싫어하고 반대부터 할 것입니다. 애가 공부하는 데 방해된다고 생각해서 반을 옮겨달라고 학교 측에 항의하거나, 아예 다른 학교로 전학을 보내는 경우도 생길 것입니다. 불편한 친구를 도움으로써 아이가 복을 짓고 올바른 심성을 기를 수 있다는 생각보다 쓸데없는 일에 시간을 낭비해 경쟁에서 뒤쳐질 거라는 걱정을 먼저 하는 것입니다. 하지만 정작 부모들의 그런 마음씀이 아이들의 좋은 심성을 없애 불행으로 이끄는 원인이 됨을 알아야 합니다.

어쩌면 우리는 아이들이 행복해지기를 바라는 만큼 행복해질 수 있는 조건을 만들어주지 못하고 있는지도 모릅니다. 절에 와서 손이 발이 되도록 자식이 잘되길 빌면서 실제로는 실천에 옮기지 않고 있기 때문입니다. 흔한 예로, 부모들은 나중에 아이가 고통스러워질 걸 알면서도 술을 마시고 담배 피우는 것을 그대로 허용합니다. 그러면서 한다는 말이 "성인이 되면 말을 해도 안 들는다."라며 변명을 늘어놓습니다. 또 "나는 그런 적이 없는데, 쟤가 혼자 저런다."라며 발뺌을 합니다. 자신의 모습을 한번 되돌아보십시오. 20년이 넘도록 부모가 롤모델이 되어 술 마시고 담배 피우는 모습을 보여주지 않았던가요? 어려서부터 훈습교육을 통해 부모의 그런 모습을 보고 자란 아이들에게 어느 날 갑자기 하지 말라고 하면 말을 듣겠습니까. 말로는 술 마시지 말라고 가르쳤다지만, 행동으로는 술 마셔도 된다고 가르친 것이나 다름없습니다. 그렇게 자녀들을 고통으로 몰고 가는 원인을 다 제공했으면서 스스로 그 사실을 모르고 나중에 나쁜 결과가 닥쳤을 때 남 탓, 하늘 탓만 하고 있는 게 지금 우리네 모습입니다.

평소 자신이 하는 행동에 대해 분명히 자각하고, 지금 내가 하는 행동이 아이들에게 어떤 영향을 미칠지 생각해서 매사에 신중하게 행동하시기 바랍니다. 부모가 먼저 솔선수범하고 선한 행동을 보이면 자식은 저절로 선한 마음이 몸에 배어 복 짓는 일을 하게 될 것입니다.

삶을 변화시키는
선행의 실천

사람이라면 기본적으로 남을 위해 살 줄 알아야 합니다. 100퍼센트 그렇게 살 순 없더라도 내가 사는 일부, 내 시간의 일부, 내 돈의 일부, 내 노력의 일부, 내 생각의 일부라도 남의 행복을 위해 배려할 수 있어야 합니다. 그것이 진정한 선행입니다. 부처님께서 말씀하신 인과에 대해 항상 깊이 생각하고, 선한 일을 하면 좋은 결과가 오고 나쁜 일을 하면 악한 결과가 온다는 사실을 한시도 잊어서는 안 될 것입니다. '악한 일을 많이 했는데 행복이 왔다?' 또는 '아무것도 한 일이 없는데 고통이 왔다?' 그것은 있을 수 없는 일입니다. 세상 어느 것도 그냥 우연히 오고 가는 것은 없으며, 전부 자기가 지은 업대로 받을 뿐입니다.

간혹 사람들은 농담조로 "죽어버리면 되지, 뭐." 하는 말을 합니다. 정말 무책임하고 무서운 말이 아닐 수 없습니다. 살다가 마음대로 일이 풀리지 않으면 죽어버리면 그만이다? 천만의 말씀입니다. 죽는다고 해서 절대 끝나지 않습니다. 거듭거듭 윤회하면서 다음 생으로 이어진다는 사실을 아셔야 합니다. 다음 생에 인간의 몸을 받아 제대로 태어나려면 반드시 이생에 지은 업보에 대한 책임을 져야 한다는 말씀입니다.

혼자 벌어서 혼자 먹고 사는 건 동물도 하는 기본적인 일이기에 특별하다고 할 게 없습니다. 하지만 사람은 사자나 사슴 등 여타 짐승들과 달리 남을 위해 선행을 할 줄 안다는 점에서 특별한 존재입니다. 즉 선행이 인간을 특별하게 해주는 조건이 되는 셈입니다. 앞으로는 어떻게 하면 남을 좀 더 배려하고 도움을 줄 수 있을지 자꾸 생각하고, 실천에 옮기시기 바랍니다. 그러지 않고 절에 와서 밤낮으로 기도한다고 해서 행복을 얻을 수 없습니다. 실제로 선행을 실천하지 않으면 아무리 좋은 절, 좋은 스님을 찾아다녀도 소용없습니다. 행복은 어디서 오느냐, 부처님의 가피는 어디서 입느냐 하는 것은 여러분이 행하는 데 달려 있기 때문입니다. 실천하지 않고서 변화시킬 수 있는 것은 아무것도 없습니다.

해인사 승가대학
강주
해월 스님

새로운 세계를 향한
자유로운 날갯짓

1978년 종범 스님을 은사로
출가했으며 해인사 승가대학
강사와 동화사 승가대학 강주,
대구불교대학 학장, 동화사
수련원장 등을 역임했다.
현재 해인사 승가대학
강주로서 후학들을 가르치고
있다.

우리 삶의 제일 큰 문제는 자신을
모른다는 데 있습니다. 우리는 마치 사실을 본 적 없이 자기 생각
대로, 느낌대로 말하고 행동하는 맹인과도 같다고 할 수 있습니
다. 생존을 두고 서로 자신만의 견해와 주장으로 차이와 대립, 갈
등과 폭력을 불러일으키고, 그 결과는 매번 괴로움으로 나타납니
다. 반면 도(道)란 자신을 아는 일입니다. 도를 얻는다는 것은 맹인
이 눈을 뜨는 것과 같아서, 사실을 있는 그대로 보기 때문에 자기
생각, 견해, 주장 등 모든 것이 사라져버립니다. 즉 왜곡됨 없이 사
실을 바라볼 수 있게 되는 것입니다.

　도를 추구하는 수행자에게 있어 내면관조는 수행의 근간이
자, 생명력이라고 할 수 있습니다. 내면관조가 없는 수행은 죽은

수행이나 다름없기 때문입니다. 초기경전인 아함경에서는 "수행하는 이들이여! 흘러간 과거를 뒤쫓지 마라. 오지도 않은 미래를 갈구하지도 마라. 과거는 이미 흘러가버린 것, 미래는 아직 오지 않은 것, 그러므로 현재의 일을 있는 그대로 보아라. 지금 여기에 있는 그대로 깨어 있으라! 또 흔들림 없이 동요됨 없이 정확히 보고 알고 실천해야 한다."라고 하여 바른 수행 자세를 강조하고 있습니다.

우리가 보는 게
정말 진짜일까

사람이 산다는 것은 느낌이 살아 있을 때라고 말합니다. 그러나 느낌보다 중요한 게 본질을 이해하는 일입니다. 본질을 이해하기 위해서는, 먼저 자신이든 사물이든 있는 그대로 볼 수 있는 순수한 눈[如實知見]을 가져야 합니다. 왜냐하면 흔히 우리가 '본다'라고 할 때, 보는 자와 보이는 대상은 주와 객으로 갈라지기 때문입니다. 그 갈라진 틈 사이에는 언제나 어떤 생각이 개입되어 있습니다. 대부분 문화나 민족, 환경, 혼미, 착각, 전도, 관념, 소신, 신념, 지식, 사고, 경험, 종교, 교육 등 고정관념으로부터 나온 선입견들입니다. 결국 우리가 무엇을 본다고 할 때는, 대체로 이러한 선입견으로 바라보는 것입니다.

또한 '안다'라고 말할 때, 여기에도 아는 것과 알려지는 것이 분리되어 있습니다. 다시 말해 주체와 객체가 따로 있는 것입니다. 이렇게 해서 '안' 것은, 우선 대상을 어디서 보느냐에 따라 인식이 달라집니다. 어떤 관점에서 어떻게 보느냐 하는 방법의 차이에 의해서 알게 된 결과는 마땅히 달라지는 것입니다. 이를테면 '장미는 붉다'라고 말하는 것은 색채라는 관점에서 본 장미의 실체이며, '장미과'에 속한다고 할 때는 분류학상으로 본 장미의 실체입니다. 하지만 양쪽 모두 장미가 갖고 있는 한 단면을 나타낼 뿐, 장미 자체를 다 말한다고는 할 수 없습니다. 주객이 분리된 상태에서 '알려진' 것은 부분적 진실일 뿐입니다. 지성에 의해서 대상을 파악하고 언어로 표현한들, 그것은 개념에 불과할 뿐 살아 있는 구체적 사실로서의 '그것'과는 다르다는 이야기입니다.

　　부처님께서도 처음에는 '나는 누구인가'라는 문제를 주객으로 분리한 채 물으시다가, 마침내 주객이 일치한 상태[中道]에 이르러 자기의 참모습과 진리를 보게 되었다고 경전에 서술하고 있습니다. 즉 "이 세상의 모든 존재는 연에 따라서 만들어진 것이며, 있다고 하는 것은 언제나 현재 진행형이다. 무엇이든 멈추어 있는 것이 없으므로, 그 어떤 실체도 없다. 이 사실을 체득하는 일이 곧 선(禪)"이라는 게 부처님의 가르침입니다.

　　선은 구체적인 '그것'과 마주 하는 일이요, 본질을 이해하는 것입니다. 선은 지성과 지식을 부정하고, 인위적인 어떠한 이물질도 거부하며, 있는 그대로의 세계를 드러냅니다. 세계를 불이(不二)로 인식하고 체득하는 게 선이기 때문입니다. 지성의 작용이 멈추어진 무심(無心)에서 시작하여 무심에 머물고, 무심으로 모든 본질을 체득하는 것. 이러한 체득을 일컬어 깨달음이라고 말합니다.

오늘처럼 따가운 여름날, 무심에서 자신을 마주해 볼 일입니다. 자연의 마음인 자연심(自然心), 있는 그대로의 마음인 평상심(平常心), 때 묻지 않은 깨끗한 마음인 청정심(淸淨心)으로 돌아가 산바람 부는 언덕에 올라 서천 노을빛을 봐도 넉넉하지 않을까 생각합니다.

수행한다는 건
조금씩 새로워진다는 것

삶 속에서 나눌 수 있는 사람, 무엇인가 할 수 있는 사람, 움직일 수 있는 사람, 말하고 듣고 느낄 수 있는 사람은 모두 행복한 사람입니다. 히스크리프의 품에 안겨 죽어간 캐시(『폭풍의 언덕』 여주인공)의 마지막 말은 "나는 행복합니다(I'm happy)."였습니다. 이렇듯 우리는 죽어가면서도 행복할 수 있는 존재입니다. 그러나 불행히도 우리는 행복을 잊고 살아가고 있습니다. 우리가 줄 수 있으면서도 주지 않고, 말할 수 있으면서도 말하지 않는 것은 마음 하나를 일으키지 못하기 때문입니다.

일전에 한 신도님께서 갈대를 부처님 앞에 공양 올리는 걸 본 적이 있습니다. 산속에서는 너무나 흔한 갈대였지만, 여태껏 저는 산속에 살면서 그 흔한 마음 하나 일으키지 못했습니다. 그 신도님의 소박한 행동 하나가, 마음 한 번 일으키면 모든 것이 부처님께 올릴 수 있는 공양이 된다는 사실을 제게 일깨워주었습니다.

술과 담배를 끊는 것은 참 쉽습니다. 술잔을 들지 않고, 성냥을 켜지 않으면 됩니다. 그러나 습성에 빠진 우리에게 잔 하나 들지 않는 일이, 성냥 하나 켜지 않는 일이 얼마나 힘든 일인지 모릅니다. 마음을 일으키고 마음을 쓰기도 어렵지만, 몸으로 실행하기는 더욱 어려운 법입니다. 그래서 자기 자신을 이기는 것을 수행이라고 말하는 것입니다. 하지만 새로움은 항상 작은 것에서부터 일어납니다. 조금씩 자신을 바꿔가는 수행을 계속해 나간다면, 어느 순간 달라진 스스로를 만날 수 있을 것입니다.

삶은 또 다른 삶을 향해 간다

제가 일본에서 유학할 때, 가난한 유학승 신분에 햇살 드는 비싼 집을 구할 수 없어서 빛 없는 집에서 4년을 살았습니다. 그때 생각하길, 다음에는 절대로 햇빛 들지 않는 집에서는 살지 않겠노라고 다짐했습니다. 그리고 나서 한국에 돌아와 해인사 승가대학에서 강의하면서, 해인사 근처에 혼자 공부하는 처소 하나를 장만하고 사방을 유리로 만들어 햇살 넘치는 집을 지었습니다. 그 후 대구 동화사 승가대학에서 강의하게 되어 가끔 오고가는 형편이 되었는데, 작은 결벽증이 있는 탓에 갈 때마다 유리를 깨끗하게 닦고 돌아오곤 했습니다.

그런데 어느 날 처소에 도착해 보니, 많은 참새들이 집 앞에 떨어져 죽어 있었습니다. 유리가 허공인 줄 알고 날아가다가 충돌한 것이었습니다. 한두 마리가 아닌 여러 마리가 피를 흘리며 죽어 있는 모습을 본 뒤로, 이전만큼 유리를 깨끗하게 닦지 않게 되었습니다. 너무 청결한 것도 마냥 좋기만 한 것이 아님을 알았기 때문입니다.

저는 죽은 새들에게 미안해하며 해당화 나무 밑에 고이 무덤을 만들어 주었습니다. 그런데 신기한 일이 벌어졌습니다. 집이 워낙 고지대에 있어서 그간 꽃을 피우지 못했던 해당화 나무가, 이듬해 너무나 예쁜 꽃을 피워 올린 것입니다. 어떻게 된 영문인지 궁금하여 꽃을 자세히 들여다보았는데, 그 순간 꽃 속에서 새들이 지저귀는 소리가 들려왔습니다. '그래, 참새들아. 너희들이 해당화 뿌리로 들어가 봄날에 꽃으로 되살아났구나. 눈앞의 죽음은 죽음이 아니구나. 너희들은 죽지 않았구나.' 존재는 해체의 과정을 통하지 않고서는 새롭게 거듭날 수 없다는 사실을, 죽음이 죽음으로 끝나지 않는다는 사실을, 윤회하는 모습을 보았던 것입니다.

아무리 하찮은 잡초일지라도 새로운 세계로 전환될 수 있습니다. 가시덤불이 타서 맑은 쪽빛을 만들고, 호랑이가 푸른 하늘 새가 되어 날 수도 있습니다. 며칠 전 신도님 집에서 죽은 백구는 개의 몸을 버리고 꽃이 되었는지도 모릅니다. 조그만 나비의 날갯짓이 거대한 태풍의 씨앗이 될 줄 누가 알 수 있겠습니까? 만약에 제가 죽은 참새들의 무덤을 해당화 옆에 있는 목련꽃 아래 만들었다면, 참새는 목련꽃 향기로 나타났을지 모를 일입니다. 그 옆 사철 푸른 소나무 아래 무덤을 만들었다면 소나무로 나타났을지도 모릅니다. 어디에 묻어주었는가에 따라서 새가 가는 곳이 달라집니다. 사람 역시 인연에 따라서 가는 곳이 다릅니다. 그래서 우리는 하나의 아름다운 인연을 위해 천 년 동안 공든 탑을 쌓는다고 합니다.

이렇게 죽음과 탄생은 서로 연결되어 있습니다. 우리는 끝없는 해체와 탄생 속에서 잠시 서 있을 뿐입니다. 집착과 아집과 교만, 착각과 전도로 언제 끝날지도 모르는 윤회 속에서 헤매고 있는 것입니다. 하지만 죽음은 새로운 세계로 가는 과정이기에 이 삶을 비관할 필요는 없습니다. 아무리 고해 같은 삶이라 하여도, 고해 속에도 희망은 있기 때문입니다. 우리들의 마음과 행위에는 새로운 세계를 열 힘이 있습니다. 그러니 우리는 온전히 스스로의 몸과 마음의 주인이 되어야 할 것입니다. 오늘의 죽음에서 자유로울 때, 비로소 내일의 탄생도 자유로울 수 있기 때문입니다. 해마다 꽃은 피고 지고 또 피듯이, 언제나 새로운 세계는 우리를 향해 활짝 열려 있습니다.

선인들이 즐겨 하는 꿈 이야기는, 현실도피로서의 꿈이 아닌 꿈에서 깨어난 참인간에 관한 것입니다. 꿈꾸다 깨어나면 모든 것은 허망하고 잡을 수 없습니다. 꿈속에서는 사실처럼 보이지만 꿈에서 깨어나면 기쁨도, 분노도, 사랑도, 탐욕도 없습니다. 지금 우리 눈앞에 나타난 것은 한낱 환상(幻想)일 뿐, 우리는 과거도 미래도 잡을 수 없습니다. 하지만 우리는 끊임없이 꿈을 갈구하는데, 불교에서는 이것을 미망 또는 갈애라고 합니다. 이러한 망상번뇌의 꿈에서 깨어나면 그것이 해탈이고, 꿈에서 깨어나는 자가 출가인입니다.

이 세상의 모든 것은 흘러가는 것일 뿐 실체가 없는데, 우리는 보통 그 무엇인가를 잡고 있습니다. 이것이 미혹입니다. 미혹을 중심으로 생각과 사고, 인식, 의식들이 일어납니다. 생각은 즉각적인 것이며, 사고란 생각이 연결된 것입니다. 인식이란 고정적인 관념이며, 의식이란 축적된 것들입니다. 마음속에서는 늘 미혹을 중심으로 생각, 사고, 인식, 의식이 쌓여 있는 업(業)들이 자기라는 관념을 중심으로 끝없이 일어나서 괴로움이 됩니다. 일어남이 없는(無心) 길이 도(道)입니다. 도인들은 "어떻게 도를 구하여야 합니까?"라고 물으면 "도를 구하지 마라."고 합니다. "어떤 것이 수행입니까?"라고 물으면 "자신의 성품을 오염시키지 마라."고 합니다. 원하고 구하고 바라는 것이 없기에 만족도, 얻는 것도 없습니다. 일어남이 없기에 사라짐도 없습니다. 마음이 일어나지 않는 것(不起心)이 도(道)이며, 불생불멸(不生不滅)이 도입니다.

도(道)란 상(相)과 용(用)을 떠난 체(體)를 보는 것입니다. 우리는 여러 인연으로 만들어진 상(相)이며, 그 작용인 용(用)만 보고 삽니다. 그러나 도인은 체(體)를 보고 사는 사람입니다. 체는 깊은 거울과 같아서 모든 것을 잠시 비출 뿐, 비어 있습니다. 거울은 그 어떤 집착도, 구하는 바도 없고 미추를 판단하지도 않습니다. 거울 앞에 서 있는 사람이 분별을 일으켜서 생각을 만들 뿐입니다. 이것이 바로 전도몽상(顚倒夢想)이요, 병목생화(病目生花)입니다.

허공에 본래 꽃이 없는데 보는 사람이 눈병이 생겨서 허공에서 꽃을 보는 것입니다.

고운사
주지
호성 스님

당신의 마음을
밝혀줄
무념, 무상, 무주

1982년 10월 범어사에서
자운 스님을 계사로 사미계를
수지했으며, 1987년
범어사에서 자운 스님을
계사로 구족계를 수지했다.
은사는 부석사 주지 근일
스님이다. 1986년 10월
봉암사 수선안거 이래
15안거를 성만했다.
현재는 고운사 주지로 있다.

날씨가 추운데 이렇게 많이 참석해준 분들께 감사의 말씀을 드리고 싶습니다. 반갑습니다. 함께 수계받고 함께 수행했던 주지 스님(서울 봉은사 진화 스님)과의 인연으로 오늘 법석에 오르게 됐습니다. 그래서 몇 가지 준비해온 이야기를 들려 드리는 것으로 법문을 대신할까 합니다.

첫째는 '나는 누구인가'입니다. 먼저 불자라면 '나는 누구인가'를 항상 고민해야 합니다. 새로운 시대에 어떤 자세로 이 시대의 진정한 수행자가 될 것이며, 이 시대를 살아가며 무엇을 명분으로 삼고 있는가를 생각해보는 것입니다. 수행자의 명분, 재가자의 명분, 기업가의 명분이 다 다를 것입니다. 또 부처님 법 제대로 알고 제대로 기도하고 제대로 정진하면 안목이 열릴 것이니 이 분명한 안목, 그리고 전체를 볼 수 있는 지혜를 말씀드리고자 합니다.

모양 있는 것은
모두가 헛것

여러분, 나는 누구일까요. 지금 보이는 이 몸이 나일까요? 아니지요. 진정한 나라면 변하지 않아야 합니다. 그런데 몸은 항상 변합니다. 그런 까닭으로 실체가 없습니다.『금강경』에서는 이렇게 말하고 있습니다.

범소유상(凡所有相) 개시허망(皆是虛妄)
약견제상 비상(若見諸相 非相) 즉견여래(卽見如來)

무릇 상 있는 것은 모두 허망한 것이니,
거기에 얽매이지 않으면 여래를 본다.

모양 있는 것은 모두가 헛것입니다. 허망한 것입니다. 이런 까닭으로 이 몸을 나라고 하면 괴로움뿐입니다. 몸을 어떻게 보아야 하는가. 몸은 잠시 인연으로 모였을 뿐입니다. 그러니 이것은 가아(假我)입니다. 그러나 진아(眞我)는 변하지 않습니다. 진아는 생명이 없습니다. 이것을 알기 위해 부처님은 다 버리셨습니다. 왕위도 버리고 아내 야소다라도 버리고 아들도 버렸습니다. 그리고 혹독한 수행을 통해 영원한 나, 진리의 나를 얻었습니다. 우리는 불교를 좋아하고 믿으면서도 나에 대해서는 생각해보지 않습니다. 어떤 것이 나인가? 아침에 일어나면 거울 보며 가꾸고, 배고프면 먹는 것이 나인가? 이것이 진정한 나는 아닙니다.

그렇다면 어떻게 찾을 수 있을까요. 일단 부처님의 가르침을 확고부동하게 믿어야 합니다. 옛날의 큰스님들도 말씀하셨습니다. 신심(信心)이 클수록 분심(忿心)도 크고 의정(疑情)도 크다고 합니다. 저도 전생에 무슨 인연인지는 모르지만 우연히 고운사를 간 것이 내 생의 가장 행복한 일이었습니다. 지금 생각해도 어떻게 그런 인연을 지었는지 신기하기만 합니다. 그곳에서 만난 사람들은 제 인생을 바꾸어 놓았습니다. 그곳에서 만난 제 은사 스님은 합장을 할 줄도 모르는 저를 보고 "젊은이 어디서 왔는고?" 하고 물으셨습니다. 어찌 보면 가장 평범한 말이지만 아무도 그 방법을 모르는 것입니다. 출가해서 기도하는 법, 정진하는 법을 배우게 됐습니다. 여러분들도 새로운 신심으로 진아를 찾아가시기 바랍니다. 진아를 찾기 위한 정진은 쉼 없는 여정이 돼야 합니다.

두 번째로 우리 모두는 리더가 돼야 합니다. 그래야 새로운 시대를 끌고 갈 수 있습니다. 누군가는 앞장서야 합니다. 욕을 먹더라도, 시련이 있더라도 밀고 가야 합니다. 구차하게 빌붙어서 편하게 가는 것, 스님들에게는 더욱이 안 어울립니다. 불교가 이 땅에 뿌리를 내린 것도 이차돈 성사가 자기 몸을 버린 덕분입니다. 그분은 불법을 위해 몸을 버렸습니다.

그렇다면 이 시대의 리더는 무엇일까요. 저는 육조 스님이 이를 분명히 말씀하셨다고 생각합니다. 진정한 리더는 무념(無念)으로 으뜸을 삼아야 합니다. 무념은 얽매이거나 끄달리지 않는 마음입니다. 어떤 것에든 끄달리면 좁은 생각일 뿐입니다. 좋다 나쁘다, 나다 너다…. 이런 마음을 벗어버려야 합니다. 그래서 육조 스님은 "무념으로 으뜸 삼으라."고 가르치셨습니다. 그것이 우리 시대 리더에게 가장 필요한 외침이라고 생각합니다.

그리고 무상(無相)으로 몸을 삼아야 합니다. 무언가 있다고 하는 생각 자체를 버려야 합니다. 있다고 생각하면 뒤이어 욕심이 일어나고 결과적으로 괴로움이 생깁니다. 상을 여읜 것으로 근본 체를 삼아야 합니다. 지금 우리 사회를 보면 새 시대가 열렸음에도 우울합니다. 얼마 전 봉은사에서, 매몰당한 동물들의 천도재를 봉행했다는 말을 듣고 무척 감사했습니다. 말 못하는 동물이라고 그리 죽여도 됩니까? 우리가 조금 복을 지었다고 해서 사람의 몸을 받은 것뿐이지, 우리가 소나 돼지보다 나은 것이 무엇입니까? 소는 자기 몸을 바쳐서 고기라도 줍니다. 돼지도 마찬가지입니다. 우리는 이 시대에 무엇을 줍니까? 사람이 그렇게 잘났습니까? 잘

난 척만 할 뿐입니다. 사람과 동물을 따로 보면 안 됩니다. 공덕의 차이로 모양이 서로 달라졌을 뿐입니다. 무상(無相)을 바로 알아야 합니다. 항상하는 것은 없습니다.

그 다음은 무주(無住)로 근본을 삼아야 합니다. 육조 스님은 '응무소주 이생기심(應無所住 而生其心)'에서 확 깨달아버렸습니다. 그분은 낫 놓고 기역 자도 몰랐습니다. 전생부터 닦아온 선근이 있었을 뿐이지 배운 적이 없습니다. 그런데도 '응당 머무는 바 없이 그 마음을 내라'는 대목에서 확 열려버렸습니다. 그런데 우리는 법문을 많이 듣고 공부를 해도 확 열리지를 못합니다. 육조 스님과 우리의 차이는 무엇일까요. 우리의 마음은 항상 머물러 있습니다. 무주가 안 됩니다. 머무는 바가 없는 것으로 근본을 삼아야 합니다. 그래서 육조 스님처럼 우리가 확 깨닫지는 못하더라도 진리가 멀리 있지 않다는 믿음을 갖고 노력하길 바랍니다. 새로운 시대의 리더는 무념, 무상, 무주라는 세 가지 진리를 잘 알고 실천해야 합니다.

그 다음에는 명분과 실리가 있습니다. 의외로 명분과 실리를 잘못 이해하고 있는 사람들이 많습니다. 부처님이 삼은 명분은 성불이 아닙니다. 마찬가지로 스님들의 수행 명분도 깨달음이 아닙니다. 부처님도 말씀하셨습니다. "중생을 다 제도하지 못했는데 어찌 내가 멈출 수 있겠는가." 수행하는 것은 출가자의 본분사입니다. 그런데 우리는 혹여 부처 되는 데 연연하고 있는 것은 아닙

니까? 성불한 다음에는 중생을 제도해야 합니다. 이것이 출가수
행의 명분이 돼야 합니다. 수행자만 그런 것이 아닙니다. 정치인
들의 명분은 무엇입니까? 대통령 되고, 국회의원 되고, 시장되는
것이 명분입니까? 대통령, 국회의원, 시장은 실리입니다. 실리를
얻은 뒤에는 국민들을 평안하게 해주는 것이 올바른 명분입니다.
그런데 그분들은 그런 고민을 하지 않습니다. 명분과 실리를 착각
하고 있는 것입니다. 우리 불자들은 끊임없이 정진해서 무념, 무
상, 무주가 되고 그 다음에는 한없는 중생들을 제도하겠다는 명분
아래 수행하고 기도해야 합니다.

　이를 위해서는 진리를 분명히 보는 안목이 필요합니다. 물론
누구나 분명히 보고 싶어 합니다. 그러나 제대로 보이지 않습니
다. 원인이 무엇일까요? 잠시도 생각이 멈추지 않기 때문입니다.
생각은 멈추려 하면 더 일어납니다. 저도 선방에서 정진할 때마다
전생에 나처럼 업이 두꺼운 사람도 없다는 생각을 많이 했습니다.
고운사는 겨울이 되면 영하 20도를 넘나드는 일이 많았습니다.
그런데 저는 별 배운 것도 없으니 그저 기도나 열심히 해야겠다
는 생각에 어떨 때는 혹한에도 6~7시간씩 기도 정진을 하곤 했습
니다. 기도가 끝나면 몸이 얼어서 잘 펴지지 않을 때도 많았습니
다. 그런데 기도를 하다 보니 처음에는 부르던 관세음보살이 계시
더니, 어느 날에는 관세음보살과 내가 둘이 아니었습니다. 그래서
스님께 기도가 되는 줄 알고 여쭤보니 "거기에 끄달리지 마라. 설

혹 부처님이 출연해도, 관세음보살님이 출연해도 그것은 너와 아무 상관이 없는 일이니 그저 해라, 그저 할 뿐."이라고 말씀하셨습니다.

선방에서 정진할 때도 화두가 이리저리 도망가서, 남모르게 산에 가서 소리도 많이 지르고 눈물도 흘리고 했습니다. 왜? 소리를 안 지르면 참지를 못했기 때문입니다. 그런데 그렇게 정진을 했더니 조금씩 보이기 시작했습니다. 신이 내려서 보이는 것이 아닙니다. 불교가 어떤 것이고 내가 어떻게 수행을 해야겠구나 하는 그런 안목이 열리더라는 말입니다. 부처님의 가르침, 불법이 정확히 보이기 시작하면서 점점 확신이 생겼습니다. 이것이 안목이라고 생각합니다.

생각이 멈추지 않기 때문에
제대로 볼 수 없다

분명하게 보는 안목이 열리면 전체를 보는 지혜가 생깁니다. 부분적인 것은 누구나 다 알고 내세우기도 합니다. 그러나 지구는 독자적으로 존재하지 않습니다. 거대한 우주의 일부분이며 또한 우주와 연결돼 있습니다. 그러니 이것이 있으면 저것이 있고, 저것이 있으면 이것이 있다는 말씀, 이것이 진리입니다. 그런데 우리는 이런 진리를 배워도 나 혼자 잘 살길 바랍니다. 나만 잘되길 바랍니다. 우리만 잘되길 바랍니다. 왜 그렇습니까? 부처님도, 조사 스님들도 그런 말씀을 하신 적이 없습니다. 나는 다른 사람과 세상과 우주와 인드라망으로 연결돼 있어서 혼자서 살 수 없습니다.

미국의 큰 사업가 빌 게이츠는 아침에 일어나면 모르는 누군가에게 행운을 줄 수 있다는 희망에 부푼다고 합니다. 보통의 사람들은 어떻습니까. 로또가 되기를 바라고, 복을 받기를 바랍니다. 그런데 빌 게이츠는 복을 받기보다는 늘 다른 누군가에게 무언가 행운을 주려고 하는 마음을 갖습니다. 어쩌면 이런 마음이 그를 이렇게 큰 사업가로 성장시킨 원동력이 아닐까 합니다. 그런데 대한민국의 정치인들은, 재벌들은 그것을 잘 못합니다. 전체를 보는 지혜가 있으면 그렇지 않습니다. 우리가 똑똑한 것 같아도 물과 공기가 없으면 살 수가 없습니다.

저는 가본 적은 없지만, 경주에는 최부자댁이 있다고 합니다. 부자는 3대를 못 간다는 이야기가 있습니다. 그러나 이 집은 몇 백 년 동안 엄청난 부를 유지했습니다. 집안 대대로 내려오는 여섯 가지 가르침을 실천했기 때문입니다. 첫째가 자처초연(自處超然), 항상 스스로 수행하며 초연하게 지내라는 말입니다. 둘째는 처인애연(處人靄然), 남을 만나면 온화하게 대하라는 뜻입니다. 셋째는 무사징연(無事澄然), 일이 없을 때는 맑게 지내라는 말이고, 넷째는 유사참연(有事斬然), 일을 당했을 때는 용감하게 대처하라는 뜻이며, 다섯째는 득의담연(得意澹然), 뜻을 얻었어도 담담하게 행동하라, 즉 성공해도 교만하지 말고 여여하라는 말입니다. 마지막은 실의태연(失意泰然), 실의에 빠졌을 때에도 태연히 행동하라는 가르침입니다. 기도를 하든 염불을 하든 살다보면 어려움에 처할 수도 있고 실의에 빠질 때도 있습니다. 그럼에도 항상 태산처럼 무겁게 행동하라는 뜻입니다.

이 외에 최부자댁에는 여섯 가지 가훈도 있습니다. 첫째는 과거를 보되 벼슬은 하지 말라는 것입니다. 벼슬하는 것은 좋지만 만약 당쟁에 얽히게 되면 집안이 화를 당할 수도 있습니다. 그러니 이를 사전에 방지하기 위한 지혜입니다. 과거를 통해 실력은 검증받아도 좋지만 절대 벼슬은 하지 말라는 겁니다. 다음은 만 석 이상이 됐을 때는 사회에 환원을 하라는 가르침입니다. 우리 기업들이 새겨들어야 할 대목입니다. 버는 데는 악착같으면서도 나누는 것에는 인색한 것이 우리 기업들입니다. 셋째는 흉년에 땅을 늘리지 말라는 가훈입니다. 참 자비롭고 지혜롭지 않습니까. 있는 사람들은 남이 어려울 때 재산을 늘리기가 더 쉽습니다. 경기가 어렵고 나라 살림이 어려울 때 기업들이 헐값에 땅을 사는 경우가 많습니다. 그런데 이런 부도덕한 짓을 경계하고 있습니다. 다음은 손님이 왔을 때는 정중히 모시라는 것입니다. 그리고 주변 백 리 안에 굶어 죽는 사람이 없게 하라고 가르치고 있습니다. 참으로 따뜻하고 아름다운 금언입니다. 마지막으로 최부자댁에서는 시집 온 며느리가 3년간 무명옷을 입게 합니다. 부잣집이니 비단옷을 입을 만도 한데 무명옷을 입으라는 것입니다. 가난을 경험해야 남의 가난에 귀 기울 수 있다는 가르침 아니겠습니까.

어떻게 보면 최부자댁의 가르침이 바로 불교의 가르침입니다. 불자들 삶이 바로 최부자댁의 가훈과 가르침에 녹아 있습니다. 전체를 보는 안목이 있었기에, 세상이 인과 연으로 얽힌 하나임을 알기에 이런 가르침도 가능했던 것입니다.

다음에 우리가 생각해야 할 것이 바로 기다릴 줄 아는 덕입니다. 우리는 너무 급합니다. 기도도 하다 보면 빨리 성취하시는 분도 있고 늦게 성취하는 분도 있습니다. 사실 기도는 성취가 중요한 것이 아니라 기도 그 자체가 중요한 것입니다. 부처님께서는 남이 하기 어려운 고행을 6년이나 하셨습니다. 달마 스님 또한 9년을 면벽했습니다. 도인도 인연이 없으면 기다려야 합니다. 복과 지혜를 다 갖춰도 때가 아니면 기다립니다. 이것이 불교입니다. 기다릴 줄 알아야 합니다. 유약한 물이라도 꾸준히 바위에 떨어지면 결국 바위가 뚫립니다. 부지런히 정진해야 합니다. 그러면서 또한 느긋하게 기다릴 수 있는 지혜가 있어야 합니다.

만약 이런 과정을 통해 성취를 이루게 되면 어떻게 해야 합니까? 반드시 남과 나눌 줄 아는 복을 지녀야 합니다. 회향이 중요합니다. 기도가 성취됐으면 반드시 주변에 널리 회향하는 것이 참다운 불교입니다.

마지막으로 증도가의 한 구절을 말씀드릴까 합니다. 이 구절을 들으면 저는 지금도 가슴이 아릿하게 저리는 것을 느낍니다. 내가 무슨 복으로 이렇게 좋은 구절을 들을 수 있는지 너무나 감동스럽습니다.

이시선문료각심(所以禪門了却心)
돈입무생지견력(頓入無生知見力)

그러므로 우리 선문에선 모든 마음을 떨쳐버리고
생멸이 없는 지견의 힘에 몰록 들어가리라.

여러분, 우리 주위에는 힘들어하는 사람들이 많습니다. 갈망하는 사람도 많습니다. 누가 이들에게 빛이 되고 길이 돼야 하겠습니까. 바로 우리가 해야 합니다. 항상 용맹정진 하시기 바랍니다.

자운 스님을 계사로 1982년
사미계를, 1987년 구족계를
수지했다. 신흥사 총무국장,
총무원 사회국장, 사회부장,
재무부장, 사회복지재단
상임이사, 설악산 봉정암
주지, 양양 낙산사 주지 등을
역임했다. 2005년 강원도에서
발생한 산불로 소실된 낙산사
복원불사를 회향한 후 현재
서울 정릉 흥천사 주지, 15대
중앙종회의원, 대한불교조계종
총무원장 특별보좌관 등으로
활동하고 있다.

낙산사

법주

정념 스님

꿈을 이룰 수 있는
준비가 된 사람

복은 검소함에서 생기고, 덕은 겸양에서 생기며, 지혜는 고요히 생각하는 데서 생기느니라. 근심은 애욕에서 생기고, 재앙은 물욕에서 생기며, 허물은 경망에서 생기고, 죄는 참지 못하는 데서 생기느니라. 눈으로 의심하여 남의 그릇됨을 보지 말고, 그 장점을 보도록 할 것이며, 입을 조심하여 실없는 말을 하지 말고, 착한 말 바른 말 부드럽고 고운 말을 언제나 할 것이며, 몸은 조심하여 나쁜 친구를 사귀지 말고, 어질고 착한 이를 가까이 하라. 나에게 오는 자 이익 없다고 거절하지 말고, 가는 이를 아쉽다고 붙잡지 말며, 내 몸 대우 없음에 버리지 말고, 일이 지나갔음에 원망하지 말라. 남을 해치면 마침내 그것이 나에게 돌아오고,

세력을 의지하여 이익을 꾀하면 도리어 앙화가 따르느니라. 어른을 공경하고 덕이 있는 이를 받들며, 지혜로운 이를 따르고 잘못한 이를 너그럽게 용서하라. 불자여, 스스로의 언행을 면면히 깊이 되새겨서 옳고 바른 일을 힘써 행하고 삿되고 그릇된 처사를 힘써 고칠지어다.

이 글은 '마음을 다스리는 글'입니다. 오늘 읽어 드린 이 글처럼 여러분 마음속에 어둡고 좋지 않은 생각이 있다면 다 소멸하시어 오늘부터는 좋은 마음, 따뜻한 마음, 너그러운 마음, 기쁜 마음, 희망찬 마음, 이런 설렘이 가득하시길 바랍니다. 설렘 가득한 마음으로 하루를 열고, 그런 하루하루가 모여 한 달이 되고 그 한 달 한 달이 모여 한 해가 되어 우리의 삶에 설렘과 기쁨이 가득하도록 해야겠습니다.

마음은 누구나 다 똑같습니다. 어느 누구든 마음속에는 좋은 마음도 있고 나쁜 마음도 있습니다. 좋아하는 것도 있고 싫어하는 것도 있습니다. 그런 두 가지가 함께 있다는 점은 누구나 다 같습니다. 마치 동전의 양면처럼 밝은 면과 어두운 면을 다 같이 갖고 있는 것이 우리의 마음입니다. 하지만 그렇다고 해서 그 마음이 서로 다른 것은 아닙니다. 좋을 때도 그 마음, 싫을 때도 그 마음입니다. 좋을 때만 내 마음이고 싫을 때는 남의 마음이 아니지 않습니까. 싫으면 남의 마음이 되면 좋으련만 그 싫은 마음도 내 마음인 것이 사람입니다. 그러니 내 속에 좋은 마음, 나쁜 마음, 베푸는 마음, 나누는 마음, 미운 마음이 다 있는 것입니다. 그러나 마음속에 혹여 나쁜 마음, 미운 마음이 있다면 오늘 그것을 용서하시고 좋은 마음, 기쁜 마음, 너그러운 마음으로 바꾸시기 바랍니다.

남을 위해서가 아닙니다. 우리 자신을 위해서입니다. 우리가 행복하게 살기 위해서는 마음속에 좋은 마음, 기쁜 마음, 설레는 마음이 있어야 합니다. 아침에 일찍 일어나 깨끗이 씻고 절에 와서 부처님을 뵐 때의 마음처럼 그런 설렘이 있어야 합니다. 또 그런 마음으로 하루를 시작해야 합니다. 그래야 행복해집니다. 행복은 누가 베푸는 것도, 누가 만들어주는 것도 아닙니다. 우리 스스로가 어떻게 생각하고 어떤 마음으로 살아가는가에 따라 결정됩니다. 세상을 어떻게 바라보고 상대를 어떻게 이해하는가에 따라 결정되는 것입니다. 그렇기에 우리는 기쁜 마음으로 살아야 합니다.

대자대비하신 부처님께서는 이 길을 열어 보여주셨습니다. 중생이 번뇌와 갈등으로 고통 받을 때 어떻게 하면 이 고통을 극복하여 자신의 삶을 참다운 행복으로 이끌어갈 수 있는지를 알려주신 것입니다. 절에서 자주 들으실 수 있는 말씀 중에 '이고득락(離苦得樂)'이라는 말이 있습니다. 이것이 바로 부처님께서 몸소 실천하시며 중생들이 따를 수 있도록 모범을 보이며 알려주신 가르침입니다. 고통에서 벗어나 행복으로 가는 방법은 여러 가지가 있습니다. 모든 사람의 근기와 타고난 업이 다른 까닭에, 부처님께서는 그 모든 중생들이 이고득락할 수 있도록 각자의 근기에 맞는 여러 방법을 모든 이들이 이해할 수 있도록 여러 가지 표현과 깊이로 말씀해 놓으셨습니다.

그 방법 가운데 우리 불자들이 행복해지기 위해 가장 먼저 실천해야 할 것이 바로 기도정진입니다. 기도정진은 부처님 제자로서 고통을 극복하고 행복을 얻기 위한 첫걸음이기도 합니다. 그렇기에 기도정진은 반드시 고통에서 벗어나 행복을 얻겠다는 의지와 꿈, 그것을 실현할 수 있다는 믿음에서부터 시작됩니다. 더 쉬운 말로 하면 꿈을 갖고 그 꿈의 실현을 위해 노력하는 것입니다. 노력, 즉 정진하는 것이야말로 불자라면 누구나 지녀야 할 가장 중요한 덕목입니다. 낙산사를 '꿈이 이루어지는 도량'이라고 부르는 것도 꿈이 이루어질 수 있다는 믿음과 그 믿음을 실현하기 위한 노력, 즉 정진이 있는 도량이기 때문입니다.

기도정진은
행복을 이루는 지름길

그럼 여러분, 꿈이란 무엇일까요. 꿈의 출발은 설렘입니다. 매일 아침 일어났을 때 "오늘은 어떤 좋은 일이 일어날까, 오늘은 어떤 좋은 인연이 나를 기다리고 있을까?"

하는 설렘이 있는 사람은 꿈을 이룰 수 있는 준비가 된 사람입니다. 이 설렘을 잃지 않고, 이 설렘을 삶의 원력으로 삼는 사람이라면 누구보다 먼저 그 꿈을 이룰 수 있을 것입니다. 그렇기에 설렘은 삶의 원동력인 동시에 자력의 근원입니다. 삶의 추진력입니다. 설렘이 없는 삶이란 죽은 삶과도 같습니다. 아이에게는 뛰어노는 설렘, 젊은 사람에게는 미래를 설계하는 설렘, 불자들에게는 서원을 이루겠다는 설렘이 있어야 합니다. 설렘이야말로 이 힘든 사바 세계를 건너갈 수 있는 긍정의 힘이자 꿈의 시작입니다.

설렘, 꿈을 불교적인 표현으로 바꿔볼까요. 불교에는 서원(誓願)이라는 말이 있습니다. 서원이란 말 그대로 원, 즉 꿈을 반드시 이루겠다는 맹세를 말합니다. 이 맹세는 누가 시켜서 하는 것이 아닙니다. 스스로 이루겠다는 의지입니다. 이 의지가 있기에 불교를 자력의 종교라 하는 것입니다. 내 힘으로, 나의 정진으로 해탈에 이르는 것이 불교의 수행입니다. 자발적인 정진으로 꿈을 이루기 위해 노력하기 때문에 그 의지를 서원이라 하고 발원이라고도 합니다. 발원의 주체는 자신, 즉 나이기에 나 자신이 포기하지 않는 한 아무도 그것을 막거나 꺾을 수 없습니다.

이 서원과 발원을 일상 속에서 실천하는 출발이 바로 '기도'입니다. 우리가 백일기도, 천일기도를 하는 것은 흐트러진 마음을 다잡고 나의 서원과 발원을 굳건히 하기 위해서입니다. 꿈이 없는 삶을 생각해보셨습니까? 그것은 아무런 설렘도, 의지도 없는 허망한 삶입니다. 비록 꿈이 있다 해도 기도정진이 따르지 않는 꿈, 서원과 발원이 없는 꿈은 모래로 지은 집과 같습니다. 기도를 통해 서원을 굳건히 하고 부처님의 지혜와 자비를 실천하겠다고 맹세하면서 자신을 이끌어갈 때 우리의 삶은 매일매일 행복을 향해 나아가게 됩니다.

　우리는 살아가면서 많은 일을 겪게 됩니다. 힘든 일도 있고 잘못하는 일도 있습니다. 피하고 싶고 괴로운 일도 있지만, 그것이 함께 하기에 사바세계입니다. 하지만 그렇기에 사바세계를 살아가는 우리는 수행을 할 수 있습니다. 살아가면서 겪는 모든 일들이 수행의 계기가 되는 것입니다. 자신이 저지른 작은 잘못 하나도 깊이 참구하면 다 수행이 됩니다. 부처님의 가피력은 누구에게나 평등합니다. 부처님의 가르침과 자비를 실천하면 가피는 저절로 오게 되어 있습니다. 누군가가 부처님의 가피를 받지 못했다고 느끼거나 부족하다고 여겨진다면 자신이 가피를 받기에 부족한 삶을 살고 있는 것은 아닌가 뒤돌아봐야 합니다.

　부처님의 지혜와 자비를 실천하는 삶을 살아가다 보면 부처님을 보기만 해도, 부처님을 떠올리기만 해도 저절로 감사하고 행복해집니다. 내가 서원을 갖고 기도정진하며 자비를 실천하는 삶을 살고 있을 때 찬탄과 공경은 저절로 나오게 되고, 누가 주지 않아도 행복은 저절로 나를 찾아오게 됩니다. 그러는 동안 우리는 우리 자신도 모르는 사이에 참된 부처님 제자가 되어 있을 것입니다.

이 모든 결과의 첫 시작은 기도정진입니다. 기도정진 없이는 이런 행복을 구하기가 참으로 어렵습니다. 사바세계는 늘 혼돈과 갈등을 불러오는 것들로 가득 차 있는데 나약한 중생은 이런 것들에 쉽게 유혹되고 온갖 욕망에 휘둘리기 때문입니다. 그러니 매일매일 자신을 되돌아보고 잘못을 참회하면서 발원을 거듭하지 않는다면 우리의 인생은 끊임없이 흔들릴 수밖에 없습니다.

낙산사가 전소에 가까운 피해를 입고 복원불사를 시작하면서 저 역시 매일매일 기도정진에 매진했습니다. 만약 기도정진에 의지하지 않았다면 복원불사가 회향되기도 전에 지쳐버려서 아무것도 이루지 못했을 것입니다. 매일매일 하루 일을 참회하고 기도정진하며 복원불사가 원만하게 이루어지기를 발원했기에 오늘의 아름답고 단아한 가람이 복원되는 결실을 맺을 수 있었습니다. 그야말로 기도정진의 힘과 부처님의 가피력을 깊이 느낄 수 있는 시간이었습니다.

우리는 살아가는 동안 기도와 정진을 멈추지 말아야 합니다. 저 역시 낙산사가 복원되고 주지 소임을 놓았다고 해서 기도와 정진을 멈출 수 없습니다. 불자님들도 스스로를 돌아보고 꿈을 이루기 위해, 이룰 수 있다는 희망을 다지는 기도와 정진을 계속해야 합니다.

부처님께서는 기도정진의 참다운 힘을 가르쳐주셨습니다. 기도와 정진을 통해 어떤 문제라도 해결해나갈 수 있습니다. 또한 우리 사회의 모든 문제는 참회와 정진을 통한 자비와 평화로 해결해야 합니다. 누구를 원망하거나 미워하는 마음을 버리고 자비로운 마음으로 모두가 평안해지도록 노력하는 불자가 되시길 바랍니다.

봉은사

주지

진화 스님

불교적 삶,
어떻게 나의 삶이
되도록 할 것인가

송광사 방장 보성 스님을
은사로 출가해서 1982년과
1986년 범어사에서 자운
스님을 계사로 사미계와
비구계를 수지했다. 해인사
승가대학을 졸업했으며 광주
증심사 주지, 고려대장경
연구소부소장 등을 역임했다.
현재 중앙종회의원, 봉은사
주지 소임을 맡고 있다.

이번 주에 사회적으로 큰 사건들이 몇 가지 있었습니다. 혹시 여러분은 특별히 기억나는 사건이 있으십니까? 저의 경우 우선 박원순 씨가 야권단일후보로 등극한 일이 생각납니다. 또 노벨평화상이 발표됐는데 특이하게도 아프리카와 아랍에서 여권 신장을 위해 투쟁을 해온 여성 지도자 세 명이 공동으로 수상을 하게 되었다는 소식이었습니다. 한 사람은 32살이고 또 한 사람은 37살로 상당히 젊은 분들이었습니다. 반대로 이들과 함께 수상한 아프리카 대통령의 나이는 72살이었는데, 역사적으로도 유례가 없는 일이라고 합니다.

그리고 또 하나, 무엇보다 크게 기억에 남는 사건은 미국 애플사의 CEO 스티브 잡스가 세상을 떠난 일입니다. 그는 56세라는 비교적 젊은 나이에 세상을 떠나게 됐습니다만, 그가 우리 사회에 끼친 영향과 사회를 변화시킨 힘은 역사상 그 누구도 따라올 수 없는 엄청난 것이었습니다. 스티브 잡스는 문명 발달이라는 엄청난 업적을 남기고 세상을 떠났습니다. 그가 남긴 업적은 사람들로 하여금 존경과 부러움을 불러일으키기에 충분한 것이었지만, 그보다 사생아로 태어나 단순하게 살면서도 늘 창조적인 삶을 살았다는 데 더 큰 의미가 있다고 할 수 있습니다.

다들 아시다시피, 스티브 잡스는 대학교를 졸업하지 못했습니다. 다니던 학교를 중퇴하고 혼자 힘으로 컴퓨터를 발명했는데, 그가 성공을 한 이후에 스탠퍼드 대학교에서 명예졸업장을 수여했습니다. 당시 졸업장 수여식에서 그가 했던 연설이 아주 유명합니다. 그중에 이런 내용이 있습니다. 스티브 잡스는 항상 아침에 거울을 보면서 '만약 오늘이 마지막이라면, 오늘 내가 하려고 하는 일을 할 것인가?'라고 스스로에게 물었다고 합니다. 그렇게 매일 자신의 계획을 점검하면서 하루하루를 치열하게 살았다고 합니다. 그가 했던 스탠퍼드 대학교 연설의 마지막 부분을 잠시 읽어 드리겠습니다.

"내가 곧 죽을 것이라는 것을 생각하는 것은, 내가 삶에서 큰 결정을 내리는 데 도움을 준 중요한 도구였습니다. 모든 외부의 기대들, 자부심, 좌절과 실패의 두려움, 그런 모든 것들은 죽음 앞에서 아무것도 아니기 때문에 진정으로 중요한 것만 남기게 됩니다. 죽음을 생각하는 것은 당신이 무엇을 잃을지도 모른다는 두려움에서 벗어나는 최고의 길입니다. 여러분은 이미 모든 것을 잃었습니다. 그러므로 여러분의 마음을 따라가지 못할 이유가 전혀 없습니다. 여러분들의 시간은 한정되어 있습니다. 그러므로 다른 사람의 삶을 사느라고 시간을 허비하지 마십시오. 다른 사람들이 생각한 결과에 맞춰 사는 함정에 빠지지 마십시오. 다른 사람들의 견해가 여러분 자신의 내면의 목소리를 가리는 소음이 되게 하지 마십시오. 그리고 가장 중요한 것은, 당신의 마음과 직관을 따라가는 용기를 가지라는 것입니다. 당신이 진정으로 되고자 하는 것이 무엇인지 마음은 이미 알고 있을 것입니다. 다른 모든 것들은 부차적인 것들입니다."

불교의 가르침을
받아들이는 일

　　　　스티브 잡스는 스탠퍼드 대학교 졸업생들에게 당신이 겪은 삶의 경험에 대한 연설을 했습니다. 연설의 핵심은, 죽을 것이라는 걸 염두에 두고 '다른 사람들이 나를 어떻게 보는가?' 하는 그런 기대에 맞추어 살지 말라는 것입니다. 자기 직관에 따라 용기를 가지고 살아가다 보면 성공하는 삶이 될 거라는 이야기입니다.

처음에 이 연설문을 읽었을 때, 저는 '어느 큰스님께서 법문을 하시는 것이 아닌가!'라고 생각할 정도로 그가 가지고 있는 삶에 대한 통찰을 느낄 수 있었습니다. 대부분 사회적인 성공을 거둔 사람들은 '기업이 어떻게 하면 성공할 수 있느냐', '여러분들이 사회에 나가서 어떻게 하면 성공한 직장인이 되는가' 하는 식의 연설을 하기 마련인데, 스티브 잡스는 졸업하는 학생들에게 그런 것들을 당부하는 것이 아니라 마치 불교에서 법문을 하듯이 인생의 핵심을 짚어주었던 것입니다.

스티브 잡스는 일찍이 애플사에서 강제퇴직을 당했습니다. 자신이 창립한 회사에서 물러나게 된 것입니다. 그 일이 있은 직후 그는 불교를 만났다고 합니다. 그리고 평생 동안 불교적 삶을 자기의 삶에 끌어들였습니다. 단순함, 직관력, 통찰력 이런 것들이 오늘날 스티브 잡스가 애플사에서 구현한 제품에 모두 녹아 있습니다. 그는 누구보다 자신의 삶 속에 불교의 가르침을 깊이 받아들이고 그러한 삶을 살았던 사람 중 한 명이었습니다.

그는 자기 스스로를 '일본 스님'이라고 이야기했습니다. 저는 이렇게 인류에 큰 영향을 끼친 사람이 불교적인 사상에 심취해서 세상을 살다갔다는 것에 큰 자부심을 느낍니다. 불교가 이렇게 대단하다는 것입니다. 우리도 스티브 잡스와 같이 '어떻게 하면 불교적 삶을 우리의 삶 속에 끌어들여서 바로 내 삶이 되게 할 것인가?'라는 데 온 정신을 집중하는 것이 중요하다고 생각합니다. 다들 매일 절에 와서 기도하고 부처님 경전을 독송하고 자기 나름대로 열심히 기도하지만, 부처님 가르침을 내 생활에 적용할 수 있어야 진정한 부처님 제자라고 할 수 있지 않겠습니까.

훈민정음 창제의
일등 공신, 불교

1446년 세종대왕께서 훈민정음을 반포하셨습니다. 그 후로 한글이 우리 삶 속에 들어왔습니다. 훈민정음(訓民正音), 뜻을 풀이하면 '백성을 가르치는 바른 소리'입니다. 만약 한글이 없었다면 우리 삶은 어떻게 달라져 있을까요? 세종대왕께서 훈민정음을 창제할 당시에는 어려운 한자를 쓰다보니 백성들은 글자를 배울 수가 없었습니다. 그래서 백성들이 쉽게 배울 수 있는 글자에 대해서 고민을 하다가 훈민정음을 만들었다고 합니다. 훈민정음은 세종대왕이 집현전 학사들에게 명을 내려서 만들었다고 알려져 있습니다. 한데 얼마 전 밝혀진 바에 의하면, 훈민정음을 만드는 데 신미 대사(信眉大師, 1403~1480)가 주도적인 역할을 했다고 합니다. 즉 불교가 훈민정음 창제에 큰 역할을 했다는 것입니다.

조선왕조가 들어선 뒤로 유교가 국교가 되어 불교는 엄청난 탄압을 받게 되었고, 스님들은 사대문 안 출입을 금지당하는 등 유학자들로부터 많은 피해를 입게 되었습니다. 그런데 유학자들은 중국을 숭상했기 때문에 한자로 학문을 하는 것을 자랑스럽게 생각했습니다. 그런 상황에서 세종대왕이 아무리 왕권이 있다고 해도 유학자들의 의견을 무시하고 한글을 만들 수는 없었을 것입니다. 그래서 비밀리에 프로젝트를 진행하게 되었는데, 그 주축이 되신 분이 바로 신미 대사라는 분입니다.

신미 대사는 지금의 법주사에서 출가하셨는데, 그곳에 있는 부도탑에 대사의 약력이 소개되어 있습니다. 그 가운데 "세종대왕이 집현전 학사들에게 신미 대사에게 가서 범어를 배워서 훈민정음을 만드는 데 참고하라는 어명을 내렸다."라는 내용이 나옵니다. 좀 더 상세히 살펴보겠습니다. 신미 대사의 속가 이름이 영산 김씨 '김수성'인데, 족보에 집현전 학사라고 나와 있고 세종대왕의 총애를 받았다고 전해집니다. 이러한 기록들을 종합해 볼 때, 신미 대사는 집현전 학사를 하다가 출가를 하신 스님이며, 그 덕에 학문과 범어에 능통했던 것으로 판단됩니다. 또한 신미 대사의 속가 동생인 '김수온'이라는 사람 역시 집현전 학사였다고 합니다. 이분은 신숙주와 친분이 두텁고 친형인 신미 대사와 함께 훈민정음을 만드는 데 주도적인 역할을 했다고 알려져 있습니다.

1443년에 완성된 한글은 1446년이 돼서야 반포되었다고 합니다. 그 말인즉 3년간 엄청난 반대에 부딪혔다는 이야기입니다.

세종대왕이 한글을 반포하려고 할 때, 유생들로부터 엄청난 반대 상소문이 올라왔습니다. 아녀자들이나 쓰는 언문이라고 무시하는 유생들의 반대에도 불구하고, 세종대왕은 1446년 한글을 발표합니다. 그리고 제일 처음 했던 일이 부처님의 일대기를 담은 『석보상절』 스물네 권을 한글로 번역하는 작업이었습니다.

흥미로운 점은 연산군 시대까지 불교가 숱한 탄압을 받았음에도 언문으로 번역된 책의 65퍼센트가 불교 경전이었다는 사실입니다. 그때까지만 하더라도 한글은 공인된 글이 아니었기 때문에 유교 경전이 아닌 『금강경』, 『월인천강지곡』 같은 불교 경전이 번역되었던 것입니다. 또한 고려시대까지 국교가 불교였던 까닭에 백성 전체가 불교신자라고 해도 과언이 아닌 시대였으므로, 불교 경전 번역에는 민심을 얻고자 하는 의도가 담겨 있었다고 볼 수도 있겠습니다. 이러한 일련의 일에 주도적인 역할을 했던 것이 신미 대사와 집현전에 있던 불교 친화적인 학사들이었습니다.

불교 경전의 한글화를 통한 불법 홍포

신미 대사는 조선왕조실록에는 나오지 않습니다. 억불숭유(抑佛崇儒) 시대였기 때문에 그의 공적은 삭제될 수밖에 없었던 것입니다. 그러나 세종대왕께서 말년에 병석에 있을 때 신미 대사를 직접 불러서 왕실에 '내불당'을 만들고, 그곳에서 신미 대사가 탕약을 만들어 세종대왕께 올렸다는 기록이 있습니다. 또 사대문 안에 들어올 수 없는 다른 스님들과 달리 신미 대사는 특별히 세종대왕의 허락하에 말을 타고 궁에 들어올 수 있었다고 합니다.

세종대왕이 돌아가시고 세조 임금이 정권을 잡았을 때는 임금이 직접 법주사로 신미 대사를 찾아가기도 했다고 합니다. 세조 임금과 관련해서는 몇 가지 일화가 전해지는데, 그중 하나가 법주사 소나무에 얽힌 이야기입니다. 세조 임금이 신미 대사를 만나러 가는 도중 가마가 소나무 가지에 걸릴 뻔한 것을 소나무가 가지를 들어주어서 무사히 통과할 수 있었다고 합니다. 그 일로 법주사 소나무는 정이품의 품계를 받았다고 합니다. 유명한 일화가 또 하나 있는데, 세조 임금이 말년에 몸에 등창이 나서 고생을 했는데, 신미 대사의 말을 듣고 오대산에서 문수기도를 시작했습니다. 백일기도가 끝나고 그날도 온몸이 가려워 개울가에서 몸을 씻는데 그곳에서 문수동자를 친견하고 등창이 나았다 합니다.

오늘 한글 창제에 있어 불교의 역할을 살펴본 까닭은, 지난 (2011년) 10월 5일 조계종 총무원에서 '향후 조계종 사찰에서는 한글로 반야심경을 봉독하라'는 공식 발표가 있었기 때문입니다. 즉 앞으로는 "관자재보살이 깊은 반야바라밀다를 행할 때 오온이 공한 것을 모두 비추어 보고 온갖 괴로움과 재앙을 건지느니라."와 같이 한글로 해석한 반야심경을 독송하라는 것입니다. 불교 경전의 한글화가 중요한 것은 불교, 구체적으로 모든 부처님의 가르침이 좀 더 새롭고 친근하게 우리 곁에 다가올 수 있는 방편이 될 수 있기 때문입니다. 한글화 작업은 일반인들이 이해하기 어려운 불교를 보다 쉽게 접근할 수 있는 계기가 될 것이라고 봅니다.

한글이 창제된 데에는 불교가 그 중심 역할을 담당했습니다. 그리고 한글이 두루 쓰이게 된 데는 한글 경전의 역할이 컸다고 할 수 있습니다. 이런 역사를 바탕으로 앞으로 한국불교는 경전의 한글화 작업을 통해 보다 널리, 더욱 많은 사람들에게 불법을 전하는 일에 최선을 다해야 합니다. 부처님 가르침을 한글로 공부해 한글로 전한다는 것은 신미 대사가 세종대왕을 도와 훈민정음을 만든 것만큼이나 중요하고 필요한 일이 될 것입니다. 불자 여러분들의 많은 관심과 성원이 필요합니다.

1986년 범어사에서 보성
스님을 은사로 출가, 1990년
범어사에서 자운 스님을
계사로 비구계를 수지했다.
1996년부터 실상사 화엄학림,
서울불교전문강당에서
수학하고 1999년 익산 관음사
주지와 익산불교대학장을
역임하고 현재 광주 증심사
주지와 사단법인 대원장학회
이사장, 경전연구회 회장을
맡고 있다.

무등산 증심사

주지

지장 스님

나쁜 습관을
버리는 것이
바른 업장 소멸

우리가 믿고 따르는 사생(四生)의 자부(慈父)이신 석가모니 부처님은 어떤 분이십니까? 도대체 어떤 분이시기에 부처님께서는 처자식을 다 버리고 출가해서 깨달음을 이루셨고, 또 그분의 가르침을 따르겠다고 출가하는 스님들이 지난 2,500여 년 동안 수없이 많이 나오고 있는 것일까요? 또한 전 세계적으로 많은 선지식들이 있었는데도 불구하고 2,500여 년이 흐른 오늘에까지도 그분의 가르침을 갈망하고 따르고 있는 것일까요? 부처님께서 우리에게 주고자 했던 중요한 메시지가 무엇인가를 정확히 알 필요가 있습니다. 오늘은 이 주제를 중심으로 같이 이야기해보도록 하겠습니다. 여러분들께서 항상 수지독송하는 경전 중 부처님을 찬탄하는 게송이 있습니다.

천상천하무여불(天上天下無如佛)

시방세계역무비(十方世界亦無比)

세간소유아진견(世間所有我盡見)

일체무유여불자(一切無有如佛者)

하늘 위 하늘 아래에 부처님 같으신 분 없으시네

온 시방세계 둘러보아도 또 비교할 만한 이 없고

이 세상에 있는 모든 것을 내가 다 살펴보았지만

그 모두가 부처님 같이 존귀한 분 찾을 수가 없네.

이 사구게는 이 법계 안에 감히 부처님과 비교할 수 있는 인물이 없다는 의미입니다. 그런 분이기 때문에 우리가 목숨을 걸고 믿고 따르는 것입니다.

다음으로 찬덕게라는 게송에도 부처님 공덕에 대해서 설하고 있습니다.

찰진심념가수지(刹塵心念可數知)

대해중수가음진(大海中水可飮盡)

허공가량풍가계(虛空可量風可繫)

무능진설불공덕(無能盡說佛功德)

세상 티끌 모두가 세어 알 수 있고
가없는 바닷물을 모두 마셔버릴 수도 있고
허공을 헤아리고 바람도 붙잡아 맬 수 있어도
부처님 공덕만은 능히 다 말할 수 없네

부처님 공덕을 찬탄한 게송입니다. 시방법계에 있는 모든 먼지의 숫자가 얼마나 될 것 같습니까? 여러분들 중 셀 수 있는 사람이 있습니까? 지금 이곳(증심사) 취백루 안에 있는 먼지의 숫자를 셀 수 있는 사람도 없습니다. 그런데 하물며 시방세계에 있는 모든 먼지를 마음으로 헤아려서 알 수 있는 신통력이 있더라도 부처님의 공덕을 말할 수 없다고 했습니다. 마찬가지로 큰 바다의 물을 다 마실 수 있는 능력이 있다 해도, 또 허공을 헤아려 알고 바람을 붙들어 맬 수 있는 능력이 있다 할지라도 부처님의 공덕과 능력을 알 수 없다는 것입니다.

우리가 믿고 따르는 부처님이 이와 같이 위대하다는 것을 찬탄하고 있습니다. 부처님께서 그러하시기에 세계적으로 수많은 사람들이 금생(今生)의 모든 것을 걸고 출가수행의 길에 동참하는 것입니다. 그렇다면 이렇게 훌륭한 부처님께서 우리에게 무엇을 가르쳐주시고 가셨는가를 우리는 알아야 합니다. 불교 경전 중 최고로 치는 것이 『화엄경』입니다. 방대한 『화엄경』을 함축해 게송으로 말하면 다음과 같습니다.

약인욕요지(若人欲了知)

삼세일체불(三世一切佛)

응관법계성(應觀法界性)

일체유심조(一切唯心造)

만약에 어떤 사람이 삼세일체 모든 부처님께서 설하고 가신
요지를 알고자 한다면 응당 법계의 성품을 관하라. 모든 것은
마음으로 지은 것이다.

일체가 오직 마음으로 지은 것이라는 말씀입니다. 이것이 불
교의 핵심을 말하는 사구게입니다. 모든 것은 마음이 짓는 것, 마
음이 조작하는 것이라는 말씀입니다. 부처님께서 심오한 경지에
서 깊이깊이 내면세계, 자기를 관찰한 것입니다. 우리 중생처럼
밖에서 무언가를 구한 것이 아니라 자기 자신의 내면세계로 돌린
것입니다. 우리 중생들은 밖으로 뭔가를 얻으려고 하고, 찾으려고
하고, 구해서 가져오려고 합니다. 밖에서 무엇이든 내 것으로 만
들려고 합니다. 여러분과 저는 아직 그 습(習)을 버리지 못했습니
다. 그래서 우리는 중생의 태를 벗지 못하고 지금까지 살고 있는
것입니다.

마음의 흐름을
관찰하라

그런데 부처님은 밖에서 구하지 않고, 모든 구하는 바를 자기 자신의 내면세계로 돌렸습니다. 우리와 정반대의 삶을 사신 것입니다. 자신의 마음세계를 향해서 자기가 구하고 원하는 바를 찾아서 마음속으로 깊이 들어간 것입니다. 그리고 얻어낸 결론이 방금 풀어 드린 사구게에 잘 나타나 있습니다. 일체유심조, 마음이 모든 것을 만들었다는 뜻이지요.

말로 하면 이렇게 간단한데 우리 중생들은 미혹하기 때문에 확신을 할 수 없습니다. '어떻게 마음으로 이루고자 하는 바를 당장 이룰 수가 있느냐'라며 의심을 가지고 있습니다. 가령 보이지도 않고 잡히지도 않는 마음은 그만두고 당장 돈이 필요하고, 내 아들 취직시키는 것이 급하고, 내 남편 진급시키는 것이 급하다고 생각하고 살아갑니다. 이러한 마음자리는 잘 모르겠고 중심사 오백전이 기도 영험으로 유명하니 오백전에 가서 기도나 해야겠다는 마음으로 살게 됩니다. 이것이 우리 중생의 모습입니다. 우선 급한 것은 아니니까 그것은 차후에 찾아보기로 하고 밖으로만 계속 구하고 있는 것입니다. 당면한 인생 문제를 해결하기 위해 오늘도 뛰고 내일도 뛰고 또 뛰고 있습니다.

그런데 우주법계의 이치를 깨달은 부처님께서는 중생들에게 너희들이 원하는 바를 성취하고 정말로 잘살고 행복하게 살고 싶으면, 마음에서 일어나고 있는 바 그 마음의 흐름을 관찰하고 그 흐름을 자기 자신이 장악하라고 하셨습니다. 그런데 우리는 그렇게 못 살고 있습니다.

그렇다면 여러분과 제가 어떻게 하면 조금씩이라도 자기를 변화시킬 수 있을까요? 한 번에는 잘 안되지요. 기실 안 되는 것이 당연합니다. 몸부림치면서 자기 자신과의 싸움을 계속 하다보면 조금씩 변화되는 모습을 자기가 느낄 수 있습니다. 우리는 수없이 그러한 노력을 해야 하는데 오로지 급한 것을 해결하겠다는 마음으로 밖에서 계속 찾고 있는 것입니다. 그래서 영원히 벗어나지 못하고 있는 것입니다.

예를 들어 자신의 단점은 자신이 제일 잘 알고 있습니다. 각자 나름대로 자기에게 좋은 점도 있다는 것을 알지만 자기의 나쁜 습이 있다는 것도 다 알고 있습니다. 그런데 그것을 고치려고 노력해보지만 어떻습니까? 잘 안됩니다. 그 나쁜 습은 한두 번 했다고 자기에게 생긴 것이 아니라 전생부터 수없이 많은 세월을 살아오면서 몸에 쌓여서 생긴 것입니다. 그것을 업이라고 말할 수 있습니다. 누구나 마찬가지로 전생에 쌓인 업(業)과 습(習)을 가지고 태어났기 때문에 그걸 고치는 건 쉬운 일이 아닙니다. 여러분도 그렇고 저도 그렇습니다.

틱낫한 스님께서는 자기 자신의 나쁜 업을 고치는 최고의 방법은 그 나쁜 생각, 나쁜 습관 그런 것에 대한 생각을 끊어버리는 것이라고 했습니다. 생각을 계속하는 그 자체가 나쁜 습관이나 행동의 영양분이 되기 때문입니다. 나쁜 생각을 마음속에서 지우는 작업을 먼저 해야 합니다. 일어날 때 지우고 해서 생각 자체를 안 하다 보면 그 생각 자체가 없어지는 것입니다.

좋은 미래를 만들고 싶다면, 자기가 꿈꾸고 있는 좋은 생각을 자주 떠올려야 합니다. 그렇게 하면 변화가 일어납니다. 미래에 대한 희망적인 생각을 많이 하고, 반복해서 하고, 자기의 잘못된 단점이나 습관이나 나쁜 행동들에 대한 것들을 생각으로부터 지워내는 작업을 하다보면, 영혼이 새로 태어나는 삶으로 변화되기 시작합니다. 이 육체는 그대로 가지고 있다 하더라도, 그 육체 속에 들어 있는 영혼이 새로운 삶을 향해서 새로 태어나는 것입니다. 그 영혼이 새로 태어났을 때 그 사람의 운명도 바뀌기 시작합니다.

그러니까 우리가 믿고 따르는 스승 석가모니 부처님께서 가르친 방법대로 우리를 변화시키는 작업을 실천으로 옮기지 않는다면 스승과 나는 영원히 기름과 물로 겉돌 수밖에 없습니다. 그러나 가르침을 행한다면 의식의 변화가 일어나고 자기의 나쁜 것들이 자취를 감추면서 운명이 바뀌기 시작합니다. 마음이 조금씩 다듬어지고, 좋은 생각, 좋은 미래, 밝은 희망이 가득한 꿈들이 가슴속에 뭉게구름 피어나듯 일어날 때 그 사람의 영혼은 다시 태어나게 되고 운명도 바뀌게 됩니다.

비가 오고 바람이 부는 오늘, 우연히 증심사에 왔다가 법석에 동참한 300명이 넘는 사람 중에서 단 한 명의 영혼이라도 다시 태어날 수 있는 사람이 있다면 이 법회는 대성공이라고 확신합니다. 자기를 변화시키기가 그렇게 쉽지 않습니다. 순간순간 나오는 습과 나쁜 버릇들, 그리고 자기도 모르게 일어나고 있는 감정과 생각들을 순간순간 끊어내고 변화시키는 노력, 자기를 변화시키기 위한 몸부림은 자기만이 할 수 있고 자기만이 알 수 있는 일입니다. 여러분이 다 그렇게 변화될 수 있다고 기대하진 않지만, 여러분 중에 정말로 제 말에 공감을 해서 이 중에 몇 사람만이라도, 단 한 사람만이라도 자기 자신과 싸움을 통해 나쁜 습들을 끊어내고 새로운 영혼으로 태어날 수 있다면, 오늘 이 법회는 천만금을 주고서도 살 수 없는 법회라고 감히 말씀을 드립니다. 여러분 모두가 저와 더불어 미래를 새롭게 만드는 그런 불자가 됩시다. 모두 성불하십시오.

동국대 철학과를 졸업하고
일본 고마자와대 대학원에서
박사학위를 받았다. 조계종
11·12대 중앙종회의원을
역임했으며 현 중앙승가대학
교수로 재직하고 있다.
2010년 천불만다라 도량
금륜사를 창건했다.

금륜사

주지

본각 스님

겨울 혹독한
추위 속엔
봄 매화향이
숨어 있다

춘유백화추유월(春有百花秋有月)

하유량풍동유설(夏有涼風冬有雪)

약무한사괘심두(若無閑事掛心頭)

변시인간호시절(便是人間好時節)

봄에는 꽃이 피고 가을에는 달 밝고

여름에는 서늘한 바람 불고 겨울에는 눈 내리네.

쓸데없는 생각만 마음에 두지 않으면

이것이 바로 좋은 시절이라네.

오늘은 인생의 계절에 대해 이야기하고자 합니다. 먼저 읽어 드린 시는 무문 혜개 선사의 시입니다. 인생의 계절을 동양에서 는 절기로 표현할 수 있습니다. 1년을 24절기로 나누는데 입춘, 입하, 입추, 입동 등 각 계절이 시작되는 시기를 특별히 정해놓았 습니다. 24절기의 시작은 입춘입니다. 봄의 기운이 감돌기 시작 하는 때이기도 합니다. 입춘이 지나고 나면 우수, 경칩, 춘분, 청명 을 차례로 거치며 봄기운, 생명의 기운이 점점 더 강해집니다. 여 름의 시작인 입하가 지나고 나면 소만, 망종, 하지, 소서, 대서 등 을 지나 한여름의 더위가 무르익어 갑니다. 이어 가을이 시작되면 입추를 기점으로 처서, 백로, 추분, 한로, 상강 등을 거치며 겨울로 다가갑니다. 겨울의 시작은 입동입니다. 소설, 대설, 동지, 소한, 대 한을 지나 다시 봄으로 들어갑니다.

24절기, 4계절은 이렇게 쉼 없이 돌지만 대부분의 사람들 은 절기의 시작, 계절의 시작을 봄이라고 생각합니다. 봄은 생각 만 해도 가슴이 뛰고 따뜻함이 느껴지는 시기입니다. 특히 입춘 은 혹독한 겨울의 기억, 음울함, 어두운 기운을 흘려보내고 다가 오는 따뜻한 기운을 맞이하는 때입니다. 그래서 누구나 봄을 좋아 하고 기다립니다. 하지만 그냥 기다리기만 한다고 해서 봄이 올까 요. 봄은 반드시 겨울을 거쳐서 옵니다. 겨울을 거쳐서 오기에 봄 은 더 따뜻하고 거룩하게 여겨집니다. 중국의 선사들은 봄의 따뜻 함을 시로 읊었습니다. 황벽 희운 선사의 시는 이렇습니다.

동유후이곡유심(桐愈朽而曲愈深)

매유한이향유고(梅愈寒而香愈高)

설심시견송백조(雪深始見松栢操)

사난방지장부심(事亂方知丈夫心)

오동나무는 오랜 세월에 속이 썩고 비어야만 깊은 곡조를 내
는 악기가 되고

매화는 매서운 추위를 견뎌내야만 더욱 진한 향기를 토해내며

산천이 흰 눈에 덮였을 때 푸르름을 뽐내는 송백의 지조를 알
수 있고

어려운 일 만나고서야 비로소 장부의 큰마음을 알 수 있다.

이 시에서 계절의 소재는 흰 눈과 매화입니다. 이 둘은 겨울
과 봄을 나타내고 있습니다. 인생의 매서운 겨울이 지나가고서야
비로소 봄의 기운인 매화의 향기를 맡을 수 있다는 가르침을 전합
니다. 매화는 봄을 알리는 전령인 동시에 군자의 꽃이라고도 합니
다. 향기도 은은할 뿐 아니라 소박하면서도 귀한 자태를 갖고 있
습니다. 그런데 그 매화는 겨울이 혹독할수록 그 향기가 더욱 높
고 진해집니다. 누구나 봄을 기다리며 봄의 좋은 것만 생각하지만
그 봄은 그냥 오는 것이 아니라 혹독한 겨울을 지나야 온다는 것
입니다. 그 이치를 선사는 시로 남긴 것입니다.

그 앞의 구절 '동유후이곡유심'에도 깊은 뜻이 담겨있습니다. 오동나무는 굉장히 가벼우면서 단단한 나무입니다. 동양에서는 이 오동나무로 악기를 만드는데, 나무가 오래되면 될수록 좋은 악기가 됩니다. 오래된 오동나무는 속이 썩고 비어 있습니다. 오랜 세월에 속이 다 썩어 없어지면 비로소 좋은 소리를 낼 수 있는 악기 재료가 되는 것입니다. 새로 심은 어린 나무가 아니라 수십 년 비바람 맞으며 인고의 세월이 흘러서 속이 썩을 대로 썩어 텅 빈 나무만이 깊은 곡조를 품고 있다는 말씀입니다.

불자님들이 세상을 살며 60~70세 즈음 되면 "속이 다 썩었다."는 말들을 많이 하십니다. 머리가 허옇게 되신 어르신들이 "속이 다 썩었다"는 말씀을 하시면 안타깝기도 하지만, 사실 저는 나이 먹는 게 참 좋습니다. 나이를 먹으면서 물론 다리도 아프고 허리도 아프지만 그래도 참 좋은 점이 있습니다. 예전에는 절을 삐뚤빼뚤 하는 모습을 보면 흉을 봤습니다. 그러나 나이를 먹어가면서 저도 다리가 아프고 허리가 아프게 되니 비로소 절은 삐뚤빼뚤 하게 할 수도 있는 것이구나 하고 느낍니다. 이런 것을 깨닫는 것은 참 거룩한 일이라고 생각합니다. 남의 괴로움에 대한 공감이야말로 진리 아니겠습니까.

저는 젊었을 때 외골수였습니다. 그래서 노스님들을 보면서 '왜 절을 저렇게 하실까?' 하고 생각한 적이 있습니다. 1988년 섣달 그믐날 보현암 대중과 해인사 대적광전에서 3천배를 한 일이 있습니다. 저는 그때 3천배를 하면서 한 번도 흐트러지게 하지 않았습니다. 그랬던 사람인데 이제 노인들이, 다리 아프신 분들이 삐뚤빼뚤 절하는 것을 이해하게 되었습니다. 이런 것이 참으로 거룩한 일입니다. 이 나이에 오지 않았다면 이 진리를 알았겠습니까. 그래서 나이를 먹고 내가 힘들어지는 것을 느끼게 되는 것이 참으로 기쁩니다. 오동나무가 오래되고 오래되어 속이 다 썩어버리고 나서야 좋은 악기 재료가 될 수 있는 것도 이와 같은 이치입니다. 그래서 나무는 썩으면 썩을수록 곡조가 깊다고 선사는 읊은 것입니다. 또 온 산이 백설에 묻힐 때 비로소 소나무는 변함없는 푸른빛임을 알 수 있고, 세상의 고난을 거치고 겪은 사람이 제자리를 찾아 섰을 때 비로소 장부의 마음을 알겠다고 했습니다. 어려운 일을 겪으면 겪을수록 송백(松柏)의 절개와 같이 장부의 마음은 더욱 선명히 드러나는 법입니다.

이 시는 작은 어려움에 좌절하지 말고, 고난이 있다고 해서 겨울이 길다고 해서 봄이 없다고 절망하지 말라는 가르침을 줍니다. 긴 겨울의 고난, 모든 어려움은 나 자신을 오히려 한층 더 승화시키는 계기가 될 것입니다. 그러므로 봄을 기다리는 불자들은 지금 이 겨울을 통과해야 봄을 맞을 수 있다는 점을 알아야 합니다. 인생에서도 마찬가지입니다. 괴롭고 힘든 일이 있을 때면 '지금이 겨울이구나!'라고 생각하면 됩니다. 하지만 겨울은 겨울로만 머물러 있는 것이 아니며 봄이 다가오고 있다는 신호입니다. 그러니 우리 불자님들은 인생의 겨울이 길고 혹독하다고 해서 절대 좌절해서는 안 됩니다.

좋은 것이든 나쁜 것이든 동일한 가치가 있다

　　　　　어제 제가 어느 신도님과 상담을 했습니다. 처음 뵙는 보살님과 무려 4시간여를 상담하게 됐습니다. 그 보살님 첫 말씀이 "그냥 죽고 싶다."는 것이었습니다. 그 보살님 얼굴을 보니 그야말로 죽을상인 것이 그냥 놔두면 정말 죽을 것 같았습니다. 그래서 이런저런 대화를 나누며 한참을 이야기했습니다. 그러면서 왜 그렇게 죽고 싶은가 들어봤더니 아들을 둘 두었는데 그중 둘째 아들이 문제였습니다. 그 둘째 아들이 초등학교 때부터 법관에 뜻을 두었는데 이번에 로스쿨 시험에서 떨어졌다는 것입니다. 그 이야기를 듣고 처음에는 그런 일로 죽을 마음이 생길까 싶었습니다. 그런데 어머니와 아들 그리고 집안 식구들 모두가 긴 세월 동안 그 아이 법관 되는 것만 생각하며 살아왔는데 시험에 떨어지고 나니 삶의 의미가 없어져버렸다는 겁니다.

　저는 분명한 대안을 말씀드리지 못했습니다. 그러나 우리가 딱 죽고 싶어질 때, 모든 희망이 사라지는 것처럼 느껴질 때, 정말로 참고 견디기 어려운 겨울 추위에 돌입했구나 하는 알아차림이 필요합니다. 지금까지 갖고 있었던 희망을 버리고 매서운 겨울을 통과하면서 새로운 희망을 찾는 것이 중요합니다. 겨울을 통과해서 봄을 기다리는 마음으로 이것이 끝이 아니라는 부처님의 가르침을 따르는 것이 불자의 길입니다. 시험에는 떨어질 수도 있고 붙을 수도 있습니다. 우리가 보기에는 아무것도 아닐 수 있는 일입니다. 어쩌면 너무 지나친 욕심 때문에 벌어진 일일 수도 있습니다. 하지만 당사자에게 그것은 너무도 큰 고통입니다. "남의 염병보다 내 고뿔이 더하다."는 옛말처럼 자기가 갖고 있는 괴로움은 세상에서 가장 큰 것이며 아무도 대신하지 못하는 것입니다.

상담을 한 보살님이 "나이 오십에 처음 당하는 절망"이라고 하기에 제가 한 마디 거들어 "이제 종종 당할 일"이라고 했습니다. 나이를 더 먹을수록 몸도 무너져갈 것이고 자손들도 더욱 멀어질 것입니다. 이런 일들은 누구도 피할 수 없습니다. 그런 일을 당했을 때면 '아, 지금이 겨울이구나. 하지만 이 겨울은 그냥 겨울이 아니다. 봄을 준비하는 겨울이다'라고 생각해야 합니다. 겨울을 통과할 때 더 거룩한 삶이 기다리고 있음을 알아야 합니다.

부처님께서는 모든 일을 관계 속에서 보는 법을 가르쳐주셨습니다. 어떠한 상황에서도 절망하지 않았으면 좋겠습니다. 이 세상의 모든 것은 대립적으로 존재합니다. 우리는 그 대립적인 관계 속에서 비교하며 괴로워합니다. 하지만 대립은 우리의 삶 자체입니다. 밤과 낮이 대립이고, 남자 여자가 대립입니다. 저 사람이 가진 것은 좋은데 내 것은 그렇지 못하고, 저 사람은 이런데 나는 그렇지 못하고…. 이 모든 현상을 보면서 괴로워한다면 우리의 삶은 대립의 고통에서 벗어날 수 없습니다. 모든 것이 끝없는 괴로움처럼 보입니다. 진리를 보지 못하고 현상으로 보이는 것에만 끌려 다녀서는 안 됩니다. 현상 너머에 있는 진리를 보아야 합니다. 그래야 행복해질 수 있습니다. 대립이라는 것은 모든 존재의 모습인데 그 대립에 끌려 좌충우돌하는 것은 나의 망상이고 나의 번뇌입니다.

그 보살님께도 "당신은 무척 행복한 사람입니다."라고 말씀드렸습니다. 그 정도의 일에 죽을 마음을 냈다는 것은 그동안의 삶이 그만큼 행복했다는 뜻입니다. 큰아들 나이가 서른이라고 하기에 "아들 장가보내야 될 엄마가 죽을 마음을 내서야 되겠습니까."라며 새로운 희망을 찾아드리는 마음으로 위로를 했습니다. 설사 한없이 복잡하고 어려운 일이 생겨 한 치 앞도 보이지 않을 때에도, 그것은 겨울을 통과하는 과정일 뿐임을 잊지 말아야 합니다.

내 인생 아닌 것이 어디에 있습니까. 아이들이 시험에 안 되어도 내 인생이고 합격해도 내 인생입니다. 그래서 우리는 곁눈을 팔 필요가 없습니다. 무문 혜개 선사의 시처럼 그 현상을 잘 극복해서 그 속에서 진리를 깨닫고 유유자적하되 최선을 다해야 합니다. 최선을 다하되 결과를 묻지 마십시오. 될 일은 되고 안 될 일은 안 됩니다. 다만 중요한 것은 최선을 다하는 것입니다. 최선을 다하고 난 후 된 일에 감사하고 안 된 일에 다시 노력하는 것입니다. 안된 것을 붙잡고 울고 속상해하면 그것 또한 어리석은 일입니다. 이것이 참된 불자의 마음입니다.

중도적인 삶이란 이런 것입니다. 조화로운 삶입니다. 저는 요즘 어떻게 사는 것이 잘사는 것인가를 생각합니다. 그러기 위해서는 덜 소비해야겠다, 덜 먹어야겠다, 남들보다 좀 더 뒤로 물러서야겠다라고 생각합니다. 하지만 내가 하는 일에는 최선을 다해야 합니다. 부처님은 처음부터 끝까지 조화로운 삶을 말씀하셨습니다. 안 된 것을 붙잡고 울고 속상해하면 그 또한 바보짓입니다. 이것이 참된 불자의 마음입니다. 현상은 모두 대립이지만 그 각각의 현상에는 동일한 가치가 있습니다. 병고와 건강함, 부와 가난, 합격과 낙방을 동일한 가치로 볼 수 있어야 합니다. 모든 것을 다 받아들일 수 있는 마음이야말로 참으로 거룩한 것입니다. 모든 대립의 개념을 넘어 그 깊은 곳에 흐르는 참다운 생명의 가치를 깨닫기 바랍니다. 우리의 삶이 늘 즐겁고 행복할 수는 없지만 그 모든 것을 조화시키는 불자가 되길 바랍니다.

서울 옥수동 미타사 정수암
주지. 법성 스님을 은사로
미타사에서 출가하였으며
1968년 사미니계, 1977년
비구니계를 수지했다.
1978년 동국대를 졸업하고
경국법보원에서 공부를
계속했으며 1994년 동국대
불교대학원을 수료했다. 30여
년간 경찰서, 교도소, 구청,
대학교 등의 법회창립과
지도법사로 포교에
매진해왔으며, 1997년부터
옥수종합사회복지관 관장으로
지역복지 포교에 힘쓰고 있다.

옥수종합사회복지관

관장

상덕 스님

만중생의 행복을 위해
출가하시고
열반으로서 행복의 길을
인도하신 부처님

얼마 전까지 동장군의 기세가 매
서웠지요? 머지않아 따스한 햇볕 아래 오색 꽃들이 저마다의 아
름다움으로 피어나 즐거움을 줄 날을 기대하게 되는 날들입니다.
불자 여러분들 모두 싱그럽고 활기찬 봄 맞기를 기원합니다. 2월
29일(음력 2월 8일)은 석가모니 부처님의 출가재일이며, 3월 7일(음
력 2월 15일)은 열반재일이에요. 오늘은 출가재일과 열반재일을 맞
아 부처님 출가와 열반의 의미를 되새겨보겠습니다. 그럼 이제부
터 현대를 사는 불자들이 어떻게 하면 출가 · 열반 정신을 가슴에
새겨 실천하는 삶을 살 수 있는지 살펴볼까요.

위대한 포기이자 용기,
출가

출가재일은 인도 가비라국의 왕자인 싯다르타 태자께서, 깨달음의 성인 붓다가 되시고자 성을 넘어 출가하신 거룩한 날입니다. 출가의 어원은 범어 '프라브라지타(pravrajita)'로 성직자의 길을 의미해요. 부처님의 출가는 소유하고 누릴 수 있는 많은 것을 버리는 위대한 포기요, 모든 생명체들의 고통을 제거해주는 구제자가 되기 위한 위대한 용기였습니다.

출가재일이 만물이 생동하는 새봄에 있는 것이 우연이 아닌 듯해요. 새로운 활기로 시작하는 봄 절기에, 중생구제 큰 원력으로 출가하신 의미를 되새기며 불자의 자세를 다잡기 좋은 때이기 때문입니다. 부처님은 『중아함경』에서 출가의 의미를 밝히고 있어요.

시자 찬타카야, 너는 왕궁으로 돌아가서 임금님께 전하여라. '부왕이시여, 저는 세속적인 욕망이 없습니다. 오직 일체 중생들이 어둡고 미혹하여 삿된 길에서 헤매며 괴로워하는 것을 보고, 지혜의 광명이 되어 고통을 구제하고자 합니다. 세간을 이익되게 하는 법을 찾고자 출가하는 것입니다. 반드시 무상정등정각(無上正等正覺)을 증득한 후 돌아가겠습니다'라고 전하라.

싯다르타 태자는 이처럼 직접 하직인사도 하지 못하고 출가의 길을 나섭니다. 왕자의 입장에서 부왕에게 올리는 이 간절한 사연을 통해서 우리는 부처님께서 출가하신 동기와 목적을 알 수 있어요. 이외에도 부처님의 출가에 대한 말씀은 많은 경전에서 전합니다. 『오복전경(伍福田經)』에는 출가의 목적에 대하여 "생사를 벗어나려는 마음을 내어 수도(修道)를 하기 위함이며, 사치를 버리고 법복(法服)을 입기 위함이고, 목숨을 던져 도법(道法)을 따르기 위함이며, 모든 애정과 미움도 초월하기 위함이고, 대승법을 간절히 구하여 중생을 건지기(衆生濟度) 위함"이라고 하여, 수도와 중생제도에 출가의 뜻이 있음을 분명히 밝히고 있어요.

또, 『치문(緇門)』에서는 혈연과 생사에서 해탈되는 '사친출가(辭親出家)'와 성불 수행과 보살행을 실천하는 '오도출가(悟道出家)', 진리증득과 중생을 구원하는 '증과출가(證果出家)'를 말하기도 합니다. 그렇다고 재가자들의 출가가 없는 것은 아니에요. 신라 원측 스님은 "출가에는 형출가(形出家)와 심출가(心出家)가 있으니, 형출가는 집을 떠나 조용한 곳에서 수행생활을 하는 것이며, 심출가는 세속의 인연 속에서 몸 출가하기 어려운 재가 제자들이 출가정신으로 계율을 지키며 불법에 의지하여 사는 것을 이른다."고 하셨어요. 이것만 보더라도 재가불자들이 마음 출가를 통해 충분히 열반에 이를 수 있습니다.

적멸의 행복을 보여준
성불의 본보기, 열반

불교는 이와 같은 정신으로 출가하여 많은 수행을 거쳐 궁극적인 목적인 열반에 이르고자 하는 종교입니다. 그렇기 때문에 꾸준하게 수행을 계속해야 해요. 이번에는 열반에 대해 알아보겠습니다.

열반(涅槃)이란 범어 니르바나(nirvāṇa)의 음역입니다. 니르바나는 'nir(없어진)+vaa(불다)'의 과거분사로 '불어서 없어진', '불어서 꺼진'이란 뜻이에요. 그러면 무엇을 불어서 꺼지게 하는 것일까요? 여러 경전에서 부처님은 "갈애(渴愛)가 소멸한 것"이라고 한결같이 말씀하십니다. 또 사리불 존자는 열반에 대해 "도반들이여, 탐욕의 소멸, 성냄의 소멸, 어리석음의 소멸과 오욕락의 소멸이 바로 열반입니다."라고 정의하고 있어요. 열반은 바로 모든 중생적인 번뇌망상이 사라진 적멸(寂滅)의 상태를 말하는 것입니다.

부처님이 출가하여 열반하시기까지의 과정은 잘 알고 계시죠. 부처님께서는 출가하신 후 6년간 고행하시며, 알라라 칼라마 등 세 분 스승의 지도로 비상비비상처(非想非非想處)의 경지까지 이르게 됩니다. 그러나 생로병사의 문제를 해결하고자 하는 출가의 목적과 다름을 깨닫고 수행을 접으시게 되지요. 그리고 니련선하 강에서 목욕하신 후, 수자타 여인의 우유죽을 공양 받고 보리수 아래서 수행을 하십니다. 그리고 마침내 12월 8일 새벽하늘의 명성을 바라보다 인생의 문제를 해결하는 위대한 성도(成道)에 이르십니다. 그 후 교진여 등 5비구에게 초전법륜(初轉法輪)을 하신 이래, 45년간 맨발의 전법을 하다가 80세에 사라수 아래에서 무여열반(無餘涅槃)에 드십니다. 부처님께서는 법신(法身)으로서 누구나 성불할 수 있다는 본을 보이기 위해, 화신(化身)의 방편으로 몸이 되어 출가와 열반을 보이신 것이에요.

부처님께서 열반에 드실 때, 아난다와 아차족의 제자들에게 주신 마지막 가르침이 『유교경』에 기록되어 있습니다. "아난아! 이제 너희들은 자신을 등불로 삼고 자신에게 의지하라. 다른 것에 의지하지 말라. 나의 열반 후에도 내 가르침대로 따르면 내가 살아 있음과 다름이 없으리라." 이것이 유명한 '자등명 법등명(自燈明 法燈明)'의 가르침이에요.

또 부처님께서는 "슬퍼하지 말아라. 나는 행복하다. 울지 말아라. 이 세상의 모든 만남은 헤어지게 되어 있다. 모든 생명은 소멸한다. 그래서 모든 생은 슬프니라. 그러므로 모든 생명을 애민하게 여기며, 바른 길을 가거라. 의문 나는 것은 물어라."라고 제자들을 향하여 세 번 자상하게 물으셨습니다. 그 후 "모든 것은 변하니, 게으르지 말고 힘써 정진하라. 그것이 진정한 나의 제자이니라. 여래는 뱃사공이다. 바른 법으로 중생들을 고해에서 열반의 언덕으로 건네주는 사공이다. 누구나 평등하게 태우는 큰 법의 배(지혜의 배)이지만, 오르고 오르지 않는 것은 뱃사공의 허물이 아니고, 스스로 인연을 맺지 못하는 중생들의 허물이다. 이제 할 일을 마쳤고, 나는 이 육신이 아닌 법신상주(法身常住)임을 열반으로 보여주는 것이다."라고 말씀하셨어요. 이와 같이 부처님은 열반에 들 때까지 제자들에게 간곡히 불법(佛法)을 믿고 정진할 것을 당부하십니다.

출가·열반재일에 그려보는
새봄·새날의 기대

이런 역사적 의미를 갖고 있는 출가·열반재일을 맞이하여, 우리 불자들은 각자 자신이 처한 환경과 처지에 따라 흐트러짐 없는 정진을 해야 합니다. 부처님께서 만생명의 생로병사 문제를 해결하여 행복을 주고자 위대한 포기와 단호한 용기로 고행의 출가를 하시고, 큰 깨달음으로 돌아와 중생에게 자비와 지혜의 행복한 삶을 인도하셨어요. 우리는 이러한 출가정신을 온몸으로 본받아야 해요. 출가 제자들은 처음 출가하던 초발심 시절의 맑은 신심으로 열반을 향한 정진과 중생교화에 일념 매진하는 승보가 되어야겠습니다. 지금 우리 불교계는 출가하는 행자가 점점 줄어 걱정인 상황이에요. 모든 출가자가 참수행자의 길을 갈 수 있는 여건이 이루어지기를 기대합니다.

그리고 재가불자들은 유마 거사와 같은 마음 출가[心出家]의 자세로, 진흙에서 피어나는 연꽃처럼 오계를 지키며 불성을 밝혀야 해요. 각자 인연이 있는 사찰의 정기법회에 동참하는 신행을 생활화하여 부처님의 거룩한 진리를 알고, 믿고, 행하며, 자비나눔을 실천하는 보살행 불자들이 되어야겠습니다. 이것이 출가정신으로 오늘을 사는 재가불자의 정신이에요.

또한 열반재일을 맞이하며 부처님께서 열반 시에 불신상주(佛身常住)의 법신으로 간곡히 전하신 『유교경』의 말씀을 오늘에 되새겨봅니다. 출재가 불자 모두 거룩한 진리법인 법등명을 따라 부지런히 정진하여 자등명을 밝혀야 해요. 다함께 불자의 이상세계인 성불의 열반계에 이르는 노력을 해, 우리 사회와 세계를 불국토화하는 나날이 되도록 사부대중이 함께 정진하는 발원을 올립니다.

올해는 우리나라를 비롯한 세계 60여 개 국가가 새 지도자를 선출하는 선거의 해입니다. 지도자의 품성과 능력에 따라 국민의 행복과 국가의 역사가 달라짐을 우리는 잘 알고 있어요. 21세기 정보화시대 및 글로벌시대를 행복한 마음으로 살아가도록 인도하며, 사람을 진정으로 귀히 여기는 덕성을 갖춘 훌륭한 지도자를 잘 선출해야겠습니다. 이러한 진정성 있는 지도자들이 선출되어 세계 평화의 역사가 이루어지기를 기원하는 마음이에요. 마치 부처님께서 중생의 행복을 위해 출가하시고 열반으로서 행복의 길을 인도하셨듯이, 그러한 용기를 지닌 대보살심의 지도자를 기대

해봅니다. 또 부처님 출가의 위대한 포기와 용기를 본받아, 자비
심으로 이웃들의 어려움을 도와 함께 평안한 삶을 사는 따뜻한 봄
날이 되기를 기원해봅니다.

2012년 3월 16일 초판 1쇄

기획 : 〈법보신문〉, 월간 〈불광〉
펴낸이 : 박상근(至弘)
주간 : 류지호
책임 편집 : 이상근
편집 : 이상근, 정선경, 오재헌, 이기선
디자인 : 백복자
일러스트 : 신춘성
제작 : 김명환
홍보마케팅 : 김대현, 김영수
관리 : 윤애경, 하정혜

펴낸곳 : 불광출판사
110-140 서울시 종로구 수송동 46-21 3층
대표전화 02) 420-3200 / 편집부 02) 420-3300 / 팩시밀리 02) 420-3400
홈페이지 http://bulkwang.co.kr

출판등록 제1-183호(1979.10.10)

ISBN 978-89-7479-766-9 03220
값 11,000원